宗镜录

中国佛学经典宝藏

121

潘桂明 释译

星云大师总监修

人民东方出版传媒

东方出版社

总序

星云

> 自读首楞严，从此不尝人间糟糠味；
>
> 认识华严经，方知已是佛法富贵人。

诚然，佛教三藏十二部经有如暗夜之灯炬、苦海之宝筏，为人生带来光明与幸福，古德这首诗偈可说一语道尽行者阅藏慕道、顶戴感恩的心情！可惜佛教经典因为卷帙浩瀚、古文艰涩，常使忙碌的现代人有义理远隔、望而生畏之憾，因此多少年来，我一直想编纂一套白话佛典，以使法雨均沾，普利十方。

一九九一年，这个心愿总算有了眉目。是年，佛光山在中国大陆广州市召开"白话佛经编纂会议"，将该套丛书定名为《中国佛教经典宝藏》①。后来几经集思广

---

① 编者注：《中国佛教经典宝藏》丛书，大陆出版时改为《中国佛学经典宝藏》丛书。

益，大家决定其所呈现的风格应该具备下列四项要点：

一、启发思想：全套《中国佛教经典宝藏》共计百余册，依大乘、小乘、禅、净、密等性质编号排序，所选经典均具三点特色：

1. 历史意义的深远性
2. 中国文化的影响性
3. 人间佛教的理念性

二、通顺易懂：每册书均设有原典、注释、译文等单元，其中文句铺排力求流畅通顺，遣词用字力求深入浅出，期使读者能一目了然，契入妙谛。

三、文简意赅：以专章解析每部经的全貌，并且搜罗重要的章句，介绍该经的精神所在，俾使读者对每部经义都能透彻了解，并且免于以偏概全之谬误。

四、雅俗共赏：《中国佛教经典宝藏》虽是白话佛典，但亦兼具通俗文艺与学术价值，以达到雅俗共赏、三根普被的效果，所以每册书均以题解、源流、解说等章节，阐述经文的时代背景、影响价值及在佛教历史和思想演变上的地位角色。

兹值佛光山开山三十周年，诸方贤圣齐来庆祝，历经五载、集二百余人心血结晶的百余册《中国佛教经典宝藏》也于此时隆重推出，可谓意义非凡，论其成就，则有四点可与大家共同分享：

一、佛教史上的开创之举：民国以来的白话佛经翻译虽然很多，但都是法师或居士个人的开示讲稿或零星的研究心得，由于缺乏整体性的计划，读者也不易窥探佛法之堂奥。有鉴于此，《中国佛教经典宝藏》丛书突破窠臼，将古来经律论中之重要著作，做有系统的整理，为佛典翻译史写下新页！

二、杰出学者的集体创作：《中国佛教经典宝藏》丛书结合中国大陆北京、南京各地名校的百位教授、学者通力撰稿，其中博士学位者占百分之八十，其他均拥有硕士学位，在当今出版界各种读物中难得一见。

三、两岸佛学的交流互动：《中国佛教经典宝藏》撰述大部分由大陆饱学能文之教授负责，并搜录台湾教界大德和居士们的论著，借此衔接两岸佛学，使有互动的因缘。编审部分则由台湾和大陆学有专精之学者从事，不仅对中国大陆研究佛学风气具有带动启发之作用，对于台海两岸佛学交流更是帮助良多。

四、白话佛典的精华集萃：《中国佛教经典宝藏》将佛典里具有思想性、启发性、教育性、人间性的章节做重点式的集萃整理，有别于坊间一般"照本翻译"的白话佛典，使读者能充分享受"深入经藏，智慧如海"的法喜。

今《中国佛教经典宝藏》付梓在即，吾欣然为之作序，并借此感谢慈惠、依空等人百忙之中，指导编修；吉广兴等人奔走两岸，穿针引线；以及王志远、赖永海等大陆教授的辛勤撰述；刘国香、陈慧剑等台湾学者的周详审核；满济、永应等"宝藏小组"人员的汇编印行。由于他们的同心协力，使得这项伟大的事业得以不负众望，功竟圆成！

《中国佛教经典宝藏》虽说是大家精心擘划、全力以赴的巨作，但经义深邃，实难尽备；法海浩瀚，亦恐有遗珠之憾；加以时代之动乱，文化之激荡，学者教授于契合佛心，或有差距之处。凡此失漏必然甚多，星云谨以愚诚，祈求诸方大德不吝指正，是所至祷。

一九九六年五月十六日于佛光山

原版序
敲门处处有人应

星云

　　《中国佛教经典宝藏》是佛光山继《佛光大藏经》之后，推展人间佛教的百册丛书，以将传统《大藏经》精华化、白话化、现代化为宗旨，力求佛经宝藏再现今世，以通俗亲切的面貌，温渥现代人的心灵。

　　佛光山开山三十年以来，家师星云上人致力推展人间佛教，不遗余力，各种文化、教育事业蓬勃创办，全世界弘法度化之道场应机兴建，蔚为中国现代佛教之新气象。这一套白话精华大藏经，亦是大师弘教传法的深心悲愿之一。从开始构想、擘划到广州会议落实，无不出自大师高瞻远瞩之眼光，从逐年组稿到编辑出版，幸赖大师无限关注支持，乃有这一套现代白话之大藏经问世。

　　这是一套多层次、多角度、全方位反映传统佛教文化的丛书，取其精华，舍其艰涩，希望既能将《大藏经》

深睿的奥义妙法再现今世，也能为现代人提供学佛求法的方便舟筏。我们祈望《中国佛教经典宝藏》具有四种功用：

一、是传统佛典的精华书

中国佛教典籍汗牛充栋，一套《大藏经》就有九千余卷，穷年皓首都研读不完，无从赈济现代人的枯槁心灵。《宝藏》希望是一滴浓缩的法水，既不失《大藏经》的法味，又能有稍浸即润的方便，所以选择了取精用弘的摘引方式，以舍弃庞杂的枝节。由于执笔学者各有不同的取舍角度，其间难免有所缺失，谨请十方仁者鉴谅。

二、是深入浅出的工具书

现代人离古愈远，愈缺乏解读古籍的能力，往往视《大藏经》为艰涩难懂之天书，明知其中有汪洋浩瀚之生命智慧，亦只能望洋兴叹，欲渡无舟。《宝藏》希望是一艘现代化的舟筏，以通俗浅显的白话文字，提供读者遨游佛法义海的工具。应邀执笔的学者虽然多具佛学素养，但大陆对白话写作之领会角度不同，表达方式与台湾有相当差距，造成编写过程中对深厚佛学素养与流畅白话语言不易兼顾的困扰，两全为难。

三、是学佛入门的指引书

佛教经典有八万四千法门，门门可以深入，门门是无限宽广的证悟途径，可惜缺乏大众化的入门导览，不易寻觅捷径。《宝藏》希望是一支指引方向的路标，协助十方大众深入经藏，从先贤的智慧中汲取养分，成就无上的人生福泽。

四、是解深入密的参考书

佛陀遗教不仅是亚洲人民的精神归依，也是世界众生的心灵宝藏。可惜经文古奥，缺乏现代化传播，一旦庞大经藏沦为学术研究之训诂工具，佛教如何能扎根于民间？如何普济僧俗两众？我们希望《宝藏》是百粒芥子，稍稍显现一些须弥山的法相，使读者由浅入深，略窥三昧法要。各书对经藏之解读诠释角度或有不足，我们开拓白话经藏的心意却是虔诚的，若能引领读者进一步深研三藏教理，则是我们的衷心微愿。

大陆版序一

　　《中国佛教经典宝藏》是一套对主要佛教经典进行精选、注译、经义阐释、源流梳理、学术价值分析，并把它们翻译成现代白话文的大型佛学丛书，成书于二十世纪九十年代，由台湾佛光文化事业有限公司出版，星云大师担任总监修，由大陆的杜继文、方立天以及台湾的星云大师、圣严法师等两岸百余位知名学者、法师共同编撰完成。十几年来，这套丛书在两岸的学术界和佛教界产生了巨大的影响，对研究、弘扬作为中国传统文化重要组成部分的佛教文化，推动两岸的文化学术交流发挥了十分重要的作用。

　　《中国佛学经典宝藏》则是《中国佛教经典宝藏》的简体字修订版。之所以要出版这套丛书，主要基于以下的考虑：

　　首先，佛教有三藏十二部经、八万四千法门，典籍浩瀚，博大精深，即便是专业研究者，穷其一生之精力，恐也难阅尽所有经典，因此之故，有"精选"之举。

其次，佛教源于印度，汉传佛教的经论多译自梵语；加之，代有译人，版本众多，或随音，或意译，同一经文，往往表述各异。究竟哪一种版本更契合读者根机？哪一个注疏对读者理解经论大意更有助益？编撰者除了标明所依据版本外，对各部经论之版本和注疏源流也进行了系统的梳理。

再次，佛典名相繁复，义理艰深，即便识得其文其字，文字背后的义理，诚非一望便知。为此，注译者特地对诸多冷僻文字和艰涩名相，进行了力所能及的注解和阐析，并把所选经文全部翻译成现代汉语。希望这些注译，能成为修习者得月之手指、渡河之舟楫。

最后，研习经论，旨在借教悟宗、识义得意。为了将其思想义理和现当代价值揭示出来，编撰者对各部经论的篇章品目、思想脉络、义理蕴涵、学术价值等所做的发掘和剖析，真可谓殚精竭虑、苦心孤诣！当然，佛理幽深，欲入其堂奥、得其真义，诚非易事！我们不敢奢求对于各部经论的解读都能鞭辟入里，字字珠玑，但希望能对读者的理解经义有所启迪！

习近平主席最近指出："佛教产生于古代印度，但传入中国后，经过长期演化，佛教同中国儒家文化和道家文化融合发展，最终形成了具有中国特色的佛教文化，给中国人的宗教信仰、哲学观念、文学艺术、礼仪习俗等留下了深刻影响。"如何去研究、传承和弘扬优秀佛教文化，是摆在我们面前的一个重要课题，人民东方出版传媒有限公司拟对繁体字版的《中国佛教经典宝藏》进行修订，并出版简体字版的《中国佛学经典宝藏》，随喜赞叹，寥寄数语，以叙因缘，是为序。

二〇一六年春于南京大学

大陆版序二

依空

　　身材高大、肤色白皙、擅长军事的亚利安人，在公元前四千五百多年从中亚攻入西北印度，把当地土著征服之后，为了彻底统治这里的人民，建立了牢不可破的种姓制度，创造了无数的神祇，主要有创造神梵天、破坏神湿婆、保护神毗婆奴。人们的祸福由梵天决定，为了取悦梵天大神，需要透过婆罗门来沟通，因为他们是从梵天的口舌之中生出，懂得梵天的语言——繁复深奥的梵文，婆罗门阶级是宗教祭祀师，负责教育，更掌控了神与人之间往来的话语权。四种姓中最重要的是刹帝利，举凡国家的政治、经济、军事、文化等等都由他们实际操作，属贵族阶级，由梵天的胸部生出。吠舍则是士农工商的平民百姓，由梵天的膝盖以上生出。首陀罗则是被踩在梵天脚下的土著。前三者可以轮回，纵然几世轮转都无法脱离原来种姓，称为再生族；首陀罗则连轮回的因缘都没有，为不生族，生生世世为首陀罗，子孙也倒霉跟着宿命，无法改变身份。相对于此，贱民比首陀罗更为卑微、低贱，连四种姓都无法跻身其中，只能从事挑粪、焚化尸体等最卑贱、龌龊的工作。

出身于高贵种姓释迦族的悉达多太子，为了打破种姓制度的桎梏，舍弃既有的优越族姓，主张一切众生皆平等，成正等觉，创立了佛教僧团。为了贯彻佛教的平等思想，佛陀不仅先度首陀罗身份的优婆离出家，后度释迦族的七王子，先入山门为师兄，树立僧团伦理制度。佛陀更严禁弟子们用贵族的语言——梵文宣讲佛法，而以人民容易理解的地方口语来演说法义，这就是巴利文经典的滥觞。佛陀认为真理不应该是属于少数贵族、知识分子的专利或装饰，而应该更贴近普罗大众，属于平民百姓共有共知。原来佛陀早就在推动佛法的普遍化、大众化、白话化的伟大工作。

佛教从西汉哀帝末年传入中国，历经东汉、魏晋南北朝、隋唐的漫长艰巨的译经过程，加上历代各宗派祖师的著作，积累了庞博浩瀚的汉传佛教典籍。这些经论义理深奥隐晦，加以书写的语言文字为千年以前的古汉文，增加现代人阅读的困难，只能望着汗牛充栋的三藏十二部扼腕慨叹，裹足不前。

如何让大众轻松深入佛法大海，直探佛陀本怀？佛光山开山宗长星云大师乃发起编纂《中国佛教经典宝藏》。一九九一年，先在大陆广州召开"白话佛经编纂会议"，订定一百本的经论种类、编写体例、字数等事项，礼聘中国社科院的王志远教授、南京大学的赖永海教授分别为中国大陆北方与南方的总联络人，邀请大陆各大学的佛教学者撰文，后来增加台湾部分的三十二本，是为一百三十二册的《中国佛教经典宝藏精选白话版》，于一九九七年，作为佛光山开山三十周年的献礼，隆重出版。

六七年间我个人参与最初的筹划，多次奔波往来于大陆与台湾，小心谨慎带回作者原稿，印刷出版、营销推广。看到它成为佛教徒家中的传家宝藏，有心了解佛学的莘莘学子的入门指南书，为星云大师监修此部宝藏的愿心深感赞叹，既上契佛陀"佛法不舍一众"的慈悲本怀，更下启人间佛教"普世益人"的平等精神。尤其可喜者，欣闻现大陆出版方东方出版社潘少平总裁、彭明哲副总编亲自担纲筹划，组织资深编辑精校精勘；更有旅美企业家鲁彼德先生事业有成之际，秉"十方来，十方去，共成十方事"之襟怀，促成简体字版《中国佛学经典宝藏》的刊行。今付梓在即，是为序，以表随喜祝贺之忱！

二〇一六年元月

目　录

题解

《宗镜录》是中国佛教的一部重要著作，由五代宋初杭州永明寺禅僧延寿编集而成。他根据《楞伽经》所说"佛语心为宗"，乃提出"举一心为宗，照万法如镜"的教法。意思是说，以一心为根本，即可如明镜洞彻万法，因而定名为《宗镜》。"录"，即编纂、集录。

　　《宗镜录》编成后，先是"吴越忠懿王宝之，秘于教藏"（杨杰《宗镜录序》），丛林多不知其名。直到宋神宗熙宁（公元一○六八～一○七七年）年间，圆照禅师始将此书传出，于是四方衲子争相传诵。其后，元丰（公元一○七八～一○八五年）年间，皇弟魏端献王出资镂板印刷，分施《宗镜录》给当时著名寺院，但各地学者仍很难见到。宋哲宗元祐（公元一○八六～一○九四年）年间，禅僧法涌、永乐、法真等人受吴人徐思恭之请，以"三乘典籍，圣贤教语"予以"校读"（杨杰《宗镜录序》），改订后重新刻板流行，使之稍广传播。明末刊刻《嘉兴藏》时，智旭将法涌等人的本子又重新加以删定，自陈："癸巳新秋，删其芜秽，存厥珍宝，卷仍有百，问答仍有三百四十余段，一一标其起尽。庶几后贤览者，不致望洋之叹，泣歧之苦矣！"（《灵峰宗论》卷七之二）到了清代，继有节本出现。宋以后官、私刊本大藏经，大多加以载录。

延寿禅师（公元九〇四~九七五年），俗姓王，浙江余杭人。时当吴越武肃王钱镠崇尚佛教，在此环境影响下，大师于总角（幼年）之岁，即已向往佛教。年二十，便不再食荤。曾为余杭库吏，后迁华亭镇将，督纳军需。年三十，吴越文穆王钱元瓘得知他慕道心切，于是顺从其志，听其出家。延寿遂舍弃家庭妻儿，剃度受戒，礼四明翠岩禅师为师。不久，入天台山修习禅定，并参谒德韶禅师，受其印可，成为清凉文益再传弟子。年四十九，住持明州雪窦山资圣寺，据传，这时从他参学的人已经很多。年五十七，受吴越忠懿王钱俶之请，住持杭州灵隐寺，为该寺第一世。次年，又受请住持永明寺（即净慈寺），为该寺第二世；从学者达二千余人。《宗镜录》一书即在此时定稿于永明寺演法堂。年六十七，延寿奉诏于钱塘江边的月轮峰创建六和塔，高九级，五十余丈，作为镇海之用。年七十一，再度入天台山，度戒万余人。次年圆寂。

延寿一生诵《法华经》一万三千部，禅教兼重而归心净土。高丽国王抄读《宗镜录》后，远慕声教，遂遣使渡海入宋，叙弟子之礼，并奉金线织成的袈裟、水晶数珠、金澡罐等法物。延寿亲自为随同使者前来问道的学僧三十六人印可记莂，使法眼宗从此远播盛行于国外。

除《宗镜录》外，延寿还著有《万善同归集》《神栖安养赋》《唯心诀》《心赋注》《定慧相资歌》等多种。其中，《万善同归集》重点宣传了禅净合一思想，对后世佛教界影响尤其深远。

延寿是融合五代宋初佛教思想最杰出的倡导者和实践者。《宗镜录》的宗旨，首在阐扬宗密的禅教一致理论，将禅宗"顿悟"与《华严经》"圆修"结合，以"禅尊达摩，教尊贤首"为立论中心，展开佛教内部的调息与融合。

据史实记载，为了解决禅教间和教内各家间的矛盾，延寿曾召集唯识、华严、天台三家佛教学者，"分居博览，互相质疑"，最后由他亲自用禅门"心宗旨要"加以"折中"（《禅林僧宝传》卷九）。在这一基础上，完成《宗镜录》的编集。因此禅僧觉范慧洪关于《宗镜录》的成书，有如下记载：

"予尝游东吴，寓于西湖净慈寺。寺之寝堂、东西庑，建两阁，甚崇丽。寺有老衲谓予言：永明和尚以贤首、慈恩、天台三宗互相冰炭，不达大全，故馆其徒之精法义者于两阁，博阅义海，更相质难。和尚则以心宗之衡准平之。又集大乘经论六十部，西天、此土圣贤三百家，证成唯心之旨，为书一百卷传于世，名曰《宗镜录》。"（《林间录》卷下）

《宗镜录》全书多达一百卷，分为三章，计八十余万字。第一卷至第六十一卷之前半部为"标宗章"，内容为"立正宗明为归趣"；自第六十一卷后半部至第九十三卷为"问答章"，内容以"申问答用去疑情"为主；第九十四卷至第一百卷为"引证章"，内容为"引真诠成其圆信"。所谓"正宗"，即"举一心为宗"，此一心宗，"照万法如镜"。延寿《宗镜录自序》云："今详祖佛大意，经论正宗；削去繁文，唯搜要旨；假申问答，广引证明。举一心为宗，照万法如镜；编联古制之深义，撮略宝藏之圆诠；同此显扬，称之曰录。"这已充分表明，他要通过这一巨著，全面、深入地反复论证禅教一致的原理。他还认为，由于此书的层层剖析，重重引证，其效果决不只是禅教一致，而且还能"和会千圣之微言，洞达百家之秘说"（《宗镜录》卷三十四）。

《宗镜录》既明言"举一心为宗"，则其核心当在

"一心"的阐述上；经由阐述"一心"而融合禅教。

何谓"一心"？延寿说："谓真妄、染净一切诸法无二之性，故名为一。此无二处，诸法中实，不同虚空，性自神解，故名为心。"（《宗镜录》卷三十四）这"一心"实际便是如来藏佛性，他说："如来藏者，即一心之异名。"（《宗镜录》卷二）他又说："一乘法者，一心是。但守一心，即心真如门。一切诸法，无有欠少；一切法行，不出自心；唯心自知，更无别心。……故知从心所生，皆同幻化，但直了真心，自然真实。"（《宗镜录》卷二）

若从形式上看，这"一心"似带有禅宗心性论色彩，但事实并非如此。在《宗镜录》中，延寿通常更以《起信论》的真如缘起说来规范"一心"的含义。他说："此一心法，理事圆备。……大矣哉，万物资始也①。万物虚伪②，缘会而生。生法本无，一切唯识；识如梦幻，但是一心；心寂而知，目之圆觉；弥满清净，中不容他，故德用无边，皆同一性；性起为相，境智历然；相得性融，身心廓尔。"（《宗镜录》卷二）

这也就是说，世界万物的本源是心（真如），由心（真如）缘起而理事全备，性相圆融。

很显然的，延寿对于"一心"，并不真正从禅宗的角度予以说明。可以说，为了贯彻"性相圆融、禅教圆融"

的原则，他不惜离开禅宗的立场。虽然他声称，《宗镜录》要"立心为宗"（《宗镜录》卷四十一），似乎在坚持他自家禅宗的思想原则。实际上，他的立论依据主要是华严宗的思想。

纵观《宗镜录》全书，在诠释"一心"方面，大量引用了《华严经》及其华严宗的学说。华严宗兴起于天台宗和唯识宗之后，法藏、澄观等人以理事圆融无碍为宗旨，倡导调和思想。随着禅宗的兴起，宗密又转而大力提倡禅教一致。

上述华严学者的圆融思想，给予禅宗五家中最后形成的法眼宗深刻影响。法眼宗创始人清凉文益，十分重视华严学说，"他曾为《参同契》作过注解（注已散失）。在《十规论》中也明白地讲述理事圆融的话。此外，他对《华严》的深义也能运用入化。他所讲的禅，是会通教义来讲，不是凌空而谈。同时他又不滞着于文字，运用《华严》却不露痕迹，故很巧妙。他以六相来体会《华严》的法界，也就是用六相（总别、同异、成坏）来体会理事的关系"（吕澂《中国佛学源流略讲》，中华书局，公元一九七九年，页二四九）。文益的这种圆融思想，理所当然地影响到他的法孙永明延寿。在《宗镜录》自序中，延寿开宗明义提出，要以华严的理事圆融学说来和会禅教两家、性相二门。

延寿与文益一样，也善于以华严的圆融观谈论理事关系，宣传禅教的调和统一。他要以禅宗与华严教的圆融为基础，统一全部佛教，恢复佛教的地位和影响。

作为禅宗法眼宗的传人，延寿认为，禅宗之所以在唐末五代"绵历岁华，真风不坠"，较长时期内繁荣兴盛，是由于禅师们"以圣言为定量，邪伪难移；用至教为指南，依凭有据。故圭峰和尚云：谓诸宗始祖即是释迦，经是佛语，禅是佛意；诸佛心口，必不相违"（《宗镜录》卷一）。禅宗繁盛的原因，虽然并非如延寿所说，但延寿这一观点的提出，在当时确有某些影响性。由于禅宗长期轻视经教，因而在其自身发展过程中，不免产生一些偏颇，逐渐落入空疏之弊，并使部分品格低下的禅僧混迹其间，造成禅门的伪滥。文益《宗门十规论》有颂云："今人看古教，不免心中闹；欲免心中闹，但知看古教。"这一看法多少也是针对其时已出现的禅门弊端而发。而文益这种鼓励禅者研习经典的思想，则被延寿继承发展，成为禅教一致的重要依据。

延寿之世，禅僧呵佛骂祖、诋毁经教、不禀师承、蔑视戒律的风气颇为流行，对佛教自身带来严重危害。延寿清楚地看到了这一局面，并对此提出了严厉的批评意见，文云：

"近代或有滥参禅门，不得旨者，相承不信即心即佛之言，判为是教乘所说，未得幽玄；我自有宗门向上事在，唯重非心非佛之说。并是指鹿作马，期悟遭迷，执影是真，以病为法。只要门风紧峻，问答尖新；发狂慧而守痴禅，迷方便而违宗旨。立格量而据道理，犹入假之金；存规矩而定边隅，如添水之乳。一向于言语上取办，意根下依通。都为能所未亡，名相不破。若实见性，心境自虚，匿迹韬光，潜行密用。是以全不悟道，唯逐妄轮回；起法我见，而轻忽上流；恃错知解，而摧残未学。毁金口所说之正典，拨圆因助道之修行；斥二乘之菩提，灭人天之善种。"（《宗镜录》卷二十五）

"近代相承，不看古教，唯专己见，不合圆诠；或称悟而意解情传，设得定而守愚暗证，所以后学讹谬，不禀师承。"（《宗镜录》卷四十三）

又写道：

"深嗟末世诳说一禅，只学虚头，全无实解；步步行有，口口谈空。自不责业力所牵，更教人拨无因果；便说饮酒食肉不碍菩提，行盗行淫无妨般若。"（《永明延寿禅师垂诫》）

从禅教一致角度来说，延寿认为，这种倾向十分危险。他指出，参禅与研习经典应该是相辅相成，互相促进的。故说：

"祖标禅理，传默契之正宗；佛演教门，立诠下之大

旨。则前学所禀，后学有归。"（《宗镜录》卷一）

"从上非是一向不许看教，恐虑不详佛语，随文生解，失于佛意，以负初心。或若因诠得旨，不作心境对治，直了佛心，又有何过？只如药山和尚，一生看《大涅槃经》，手不释卷。"（《宗镜录》卷一）

当然，就教家言，也有必要与禅门会通互补。这正如他所说：

"夫听学人诵得名相，齐文作解；心眼不开，全无理观；据文者生，无证者死。夫习禅人唯尚理观，触处心融；暗于名相一句不识。诵文者守株，情通者妙悟。两家互阙，论评皆失。"（《宗镜录》卷四十六）

禅教的统一融合，这是佛教的需要。其中，禅宗的顿悟与华严的圆修相结合，更是理所当然。对此，孔维勤《永明延寿宗教论》一书写道："永明圆教，本乎曹溪之性宗，故为禅教一致之表诠直指之教。其所集之祖教，亦惟显圆宗。一一缘起，皆是法界实德，不成不破，非断非常，才有一法缘生，无非性起功德。永明延寿禅教一致之见地，最大之特点，即为熔华严与禅宗为一炉。"（新文丰出版公司，一九八三年，页一〇四）

《宗镜录》所提倡的禅教一致，对宋以后的中国佛学产生过重要影响。

北宋的统一，给社会的政治生活以巨大影响。新统一的封建王朝，致力于强化中央集权专制统治，在政治、军事、财政大权收归中央的同时，还注意思想文化方面的统治，逐步建立起完善统一的意识形态。为了适应当时社会政治的实际需要，佛教在对外寻求"儒佛一致"和"佛道一贯"的同时，对内则强调各宗各派间的圆融统一。永明延寿之后，北宋云门宗禅僧明教契嵩，也积极主张禅教一致、禅净合一，并大力推进佛教与儒、道间的调和一致。他们的这些活动，实现了对禅宗思想体系和修习方式的全面改造，重塑了唐末五代时禅宗的形象，成为禅宗思想史上的一大转折。

受延寿《宗镜录》禅教一致论影响者，历代不乏其人。北宋元祐（公元一〇八六～一〇九四年）年间，宝觉禅师在看了《宗镜录》后说："吾恨见此书晚。平生所未见之文，功力所不及之义，备聚其中。"（《人天宝鉴》）他不但手不释卷，孜孜研读，还撮录玄要，成《冥枢会要》三卷。南宋孝宗（公元一一六三～一一八九年）在位时代，儒士述庵薛澄在其师天台草庵圆寂后，曾为之作祭文，其中备赞禅教一致，说：

"吾佛明心，禅必用教，教必用禅。如江如湖，流虽不同，所钟一源；如日如月，时或云殊，所丽一天。譬以二药，治众人病，所期者痊。奈何末途，两宗被魔；学者泥偏，私立位号；互为矛盾，其门必专。教而视禅，

了不相安，如针着毡；禅而视教，欲割不能，如瘿附咽。"（《佛祖统纪》卷二十一）

其后，元代著名禅僧中峰明本也认为：

"岂佛法果有教、禅之二哉！以其神悟，教即是禅；以存所知，禅即是教。"（《中峰广录》卷十六）

"如一佛之垂化，观万法唯一心。一心即万法，所以彰万法为教，标一心为禅。名常异而体常同，教即文字而禅离文字也。究其所以，特不过破情执之迷妄，混入一心之灵源而已。"（《中峰广录》卷十八）

明末高僧藕益智旭对《宗镜录》亦极为重视，前后曾披阅该书四遍，发现其中有后人添加的部分，一一悉心予以剔出，重加整理修订。清初雍正皇帝以禅门宗匠自居，对历史上各家禅多有所抨击，但对延寿的禅教一致思想却赞叹不已。他在《御选语录》的《永明编序》中写道：

"宋初，杭州永明智觉禅师，平生著述有《宗镜录》《唯心诀》《心赋》《万善同归集》等，凡千万言，并在大藏，有流传海外者。朕披阅采录，不胜敬礼喜悦，真所谓明逾晓日，高越太清。如鼓师子弦，众响俱绝；如发摩尼宝，五色生光。信为曹溪后第一人，超出历代大善知识者，特加封妙圆正修智觉禅师。卷中《万善同归集》一书，禅师自谓略述教海之一尘，普施法界之含识云。

自师证明，方知大小齐观，宗教一贯。"

他还亲自"录其纲骨，刊十存二"，编为《宗镜大纲》一书，加以弘传。

延寿以后的禅教合一论者，受《宗镜录》的启发，多数从以下两个方面展开论证。

其一，借教悟宗说。如北宋禅僧圆悟克勤于政和（公元———一～———八年）年间，曾以华严宗的圆融无碍"四法界"学说，向居士张商英说禅。他认为，"心、佛、众生三无差别，卷舒自在，无碍圆融"；禅的最高境界就是华严的"理事无碍""真俗无碍"境界（《居士分灯录》卷下）。明代高僧云栖袾宏也指出："其参禅者，借口教外别传，不知离教而参是邪因也，离教而悟是邪解也。饶汝参而得悟，必须以教印证；不与教合，悉邪也。"（《竹窗随笔·经教》）

其二，以心解教说。以为只解教而不习禅，教也不是真教。如晚明高僧紫柏真可说："若传佛语，不明佛心，非真教也。"（《紫柏尊者全集》卷六）

总之，受《宗镜录》的影响，禅教一致思想在宋代以后已广泛流传，成为禅学的重要组成部分，而禅教一致的实践则成为宋以后禅僧生活的内容之一。

由于《宗镜录》规模庞大，卷帙过多，对于一般佛教徒来说，阅读不便，理解困难，所以，它的实用性受到局限，社会效果也相对削弱了。但是，从另一角度看，本书内涵丰富，引证资料广泛。其中属于佛经方面的有一百二十种，属于祖师语录的有一百二十种，其他论著六十种，共计约三百种。在当时佛教书籍散佚严重、义学已趋衰退的情况下，这是很不容易的事。它为后世学者提供了研究的方便。其中保存的一些资料，对于今天的学术界来说，更是十分珍贵。如南岳怀让和青原行思的两段法语，都未载录于《景德传灯录》《古尊宿语录》等禅宗典籍；"问答章"中所引用的《中论玄枢》《唯识义镜》等书，现在都已失传，幸赖《宗镜录》而想见原著的概貌。

延寿虽承嗣禅宗法统，但他具有较高的义学修养，于空有二宗、性相各家均有研究。《宗镜录》一书，便是由他召集法相宗、华严宗、天台宗三家学者，在"分居博览，互相质疑"的基础上编集而成。所以，《宗镜录》的内容难以一言概括。但可确信的是，全书立论，重在顿悟、圆修。南宗禅提倡"顿"，《华严经》提倡"圆"；把禅宗的顿悟与《华严经》（华严宗）的圆修结合起来，即所谓"禅尊达摩，教尊贤首"。延寿说："《宗镜》略有二意：一为顿悟知宗，二为圆修办事。"（《宗镜录》卷四十）本书节选的章节，便是以上述中心思想为标准。

延寿佛教思想的另一重点是禅净合一说，这一思想虽然在《宗镜录》中也有所反映，但更多地表现于《万善同归集》中，所以这里没有选录。此外，为了突出"一心"的地位和意义，《宗镜录》以大量文字，从法相唯识宗的角度，对一切现象的生起、本质和相互关系等作了极为详尽细致的分析。这方面的内容散见于各章各卷，可专题另作探讨，也可参阅孔维勤先生所著《永明延寿宗教论》一书后面各章；因篇幅所限，这里也未选录。

本书"原典"部分使用的版本是《碛砂藏》本。

注释：

①**万物资始也**：《大正藏》中，作"万法资始也"。
②**万物虚伪**：《大正藏》作"万法虚伪"。

1　标宗章

卷一

原典

　　详夫祖标禅理，传默契之正宗；佛演教门，立诠下之大旨。则前贤所禀，后学有归。是以先列"标宗章"。为有疑故问，以决疑故答；因问而疑情得启，因答而妙解潜生。谓此圆宗，难信难解，是第一之说，备最上之机。若不假立言诠，无以荡其情执。因指得月[①]，不无方便之门；获兔忘蹄[②]，自合天真之道。

　　次立"问答章"。但以时当末代，罕遇大机。观浅心浮，根微智劣。虽知宗旨的有所归，问答决疑渐消惑障。

欲坚信力，须假证明。广引祖佛之诚言，密契圆常之大道，遍采经论之要旨，圆成决定之真心。后陈"引证章"。以此三章，通为一观；搜罗该括，备尽于兹矣。

注释

①**因指得月**：佛教常用的一种譬喻手法。以"指"比喻言教，以"月"比喻佛法。以为一切言教，无非是为方便启发他人而设立。如同以指指月，令人因指而见月。不应只见指而不见月，即不应执着于言教而忽视了佛教的根本精神。

②**获兔忘蹄**：语本《庄子·外物篇》："蹄者所以在兔，得兔而忘蹄。"蹄，是一种捕兔的工具。意思是说，蹄是捕兔的工具（手段），一旦达到目的，这种工具就可以丢弃。

译文

全面观察佛教，祖师所标举的禅理，传授无言默契的正宗；诸佛演示教门，建立文字语言的旨意。从而，前贤以此禀承，后学有所依归。因此，本书首先安排"标宗章"。因有疑惑，故而发问；为了断除疑惑，所以要作回答。因发问而使疑情得以开启，又因回答而使妙

3	4	5	111	18	28	53	32	54	63	55	56	44	65
中阿含经	增一阿含经	尔阿含经	金	佛教新白话理念集	六祖坛经	碧岩录	天台四教仪	禅门师资承袭图	金刚錍	华严学	教观纲宗	摩诃止观	万善同归集	解深密经

《中国佛学经典宝藏》

华人佛学界顶级专家团队编撰。大陆首次引进简体中文版。
读得懂，买得起，藏得下的"白话精华大藏经"。

星云大师
总监修
"人间佛教"的践行本

《中国佛学经典宝藏》白话版系列丛书，共计132册，由星云大师总监修，大陆、台湾百余专家学者通力编撰而成。

丛书依大乘、小乘、禅、净、密等性质编号排序，将古来经律论中之经典著作，依据思想性、启发性、教育性、人间性的原则，做了取其精华、舍其艰涩的系统整理。每种经典都按原文、注释、译文等体例编排，语言力求通俗易懂、言简意赅，让佛学名著真正做到雅俗共赏；还以题解、源流、解说等章节，阐述经文的时代背景、影响价值及在佛教历史和思想演变上的地位角色。丛书还开创性地收录了一些有代表性的现代读本。

专家推荐

星云大师常常说，佛学不是少数人的专利，它应该是每一个人都能够接触的。这套书推动了白话佛学经典的完成。
——依空法师
佛光山长老，文学博士，印度哲学博士

星云大师对编修《中国佛学经典宝藏》非常重视，对经典进行注、译，包括版本源流梳理，这对一般人去看经典、理解经典的思想，是有帮助的。
——赖永海
南京大学教授，旭日佛学研究中心主任

《中国佛学经典宝藏》精选了很多篇目，是能够把佛法的精要，比较全面地给予介绍。
——王志远
中国社会科学院研究生院导师，中国宗教协会副会长

传统大藏经 VS 中国佛学经典宝藏

第一回合

卷帙浩繁 VS **精华集萃**
普通人阅读没头绪，没精力、看不懂。 星云大师亲选132种书目，提纲挈领，方便读经。

第二回合

古文艰涩 繁体竖排 VS **白话精译 简体横排**
佛教经文辞涩，多用繁体竖排版：读经门槛高。 经典原文搭配白话精译，既可直通经文，又可研习原典。

第三回合

经义玄奥 难尝法味 VS **专家注解 普利十方**
微言大义，法义幽微，没有明师指引难理解。 华人佛学界顶级专家精注精解，一通百通。

《中国佛学经典宝藏》目录

深入经藏，智慧如海。

本套佛学经典适合系统的修习、诵读和佛堂珍藏。

扫一扫 购买《中国经典佛学宝藏》

解暗中萌生。人称这一佛教"圆宗"，既难以信入，也难以悟解。它代表佛教最深奥的义理，须具备最上等的机缘。倘若不借助于文字语言，那么就无法荡涤人们的妄情执着。循着手指方向，可见到月亮，这是一种随宜方便；逮住了兔子，可舍弃逮兔的工具，自然与天真之道相合。

其次建立"问答章"。可惜如今已是末法时代，上等根机的人已极难见到。众生普遍见识浅薄，心性浮躁，根机低微，智慧奇短。通过"标宗章"，使他们明白宗旨，实有所归；通过"问答章"，使他们逐渐消除疑惑。但是，要想强固人们的信念，还需借助于验证。所以，仍要广征博引佛经和祖师的真实言论，紧密契合圆顿恒常的真理，并普遍采纳各类经论的要旨，圆满成就必定的正信无疑之心。因而最后设立"引证章"。以上所立三章，合起来是一个整体；经过搜集统括，佛教的核心内容几乎都已包容于此了。

原典

问：先德云，若教我立宗定旨，如龟上觅毛，兔边求角。《楞伽经》偈云："一切法不生，不应立是宗。"何故标此章名？

答：斯言遗滞。若无宗之宗，则宗说兼畅。古佛皆垂方便门，禅宗亦开一线道。切不可执方便而迷大旨，又不可废方便而绝后陈。然机前无教，教后无实。设有一解一悟，皆是落后之事，属第二头。所以《大智度论》云："以佛眼观一切十方国土中一切物，尚不见无，何况有法。毕竟空法，能破颠倒。令菩萨成佛，是事尚不可得，何况凡夫颠倒有法。"

今依祖佛言教之中，约今学人随见心性发明之处，立心为宗。是故西天释迦文佛云："佛语心为宗^①，无门为法门。"此土初祖达摩大师云："以心传心，不立文字。"则佛佛手授，授斯旨；祖祖相传，传此心。

以上约祖佛所立宗旨，又诸贤圣所立宗体者，杜顺和尚依《华严经》立自性清净圆明体。此即是如来藏^②中法性之体，从本以来性自满足，处染不垢，修治不净，故云：自性清净^③，性体遍照，无幽不瞩。故曰：圆明又随流如染而不垢，返流除垢而不净。亦可在圣体而不增，处凡身而不减。虽有隐显之殊，而无差别之异。烦恼覆之则隐，智慧了之则显。非生因^④之所生，唯了因^⑤之所了。斯即一切众生自心之体，灵知不昧，寂照无遗。非但华严之宗，亦是一切教体。

《佛地论》立一清净法界体。《论》云："清净法界者，一切如来真实自体，无始时来自性清净，具足种种，过十方界。极微尘数，性相功德，无生无灭，犹如虚空。遍一切有情，平等共有。与一切法，不一不异，非有非无。离一切相，一切分别，一切名言，皆不能得。唯是清净圣智所证，二空无我⑥。所显真如⑦，为其自性，诸圣分证，诸佛圆证。此清净法界⑧，即真如妙心，为诸佛果海之源，作群生实际之地。

此皆是立宗之异名，非别有体。或言宗者，尊也，以心为宗。故云，天上天下，唯我独尊。或言体者，性也，以心为体。故云，知一切法即心自性。或言智者，以心为智，即是本性寂照之用。所以云自觉圣智⑨、普光明智⑩等。

若约义用而分，则体宗用别。若会归平等，则一道无差。所以《华严记问》云："等、妙二位，全同如来；普光明智者，结成入普。"所以此会说等、妙，三觉、二觉全同。普光明智，即是会归之义。

注释

①**佛语心为宗**：以佛所说的"心"为根本（宗旨）。四卷《楞伽经》以"一切佛语心第一"为品名，"佛语心"即出于此。但《楞伽经》的"心"是"枢要""中心"的意思，是说佛教的要义已在该经具足。后来楞伽

师望文生义加以曲解，于是要禅者专向内心用功。陈陈相因，禅宗继承并发展了楞伽师的思想。（参考吕澂《中国佛学源流略讲》页二〇七）

②如来藏：指一切众生藏有本来清净的如来法身，也就是佛性。因为如来之性德被烦恼所隐覆而不显，故众生见不到，名之为"藏"。若脱离烦恼，即显示如来。如来，是佛的十种名号之一。"如"即真如，指佛所说的绝对真理，循着真如便可达到佛的觉悟。

③自性清净：自性，指独立存在的自体、主宰。众生本具如来藏，此如来藏自性清净。《大乘起信论》："自性清净，名如来藏。"

④生因："二因"之一。指第八识中本具一切种子，能产生一切事物，如草本的种子能生根发芽。

⑤了因："二因"之一。指以智慧照耀真理，如灯光照明事物，了了可见。《因明大疏》："如种生芽，能起用故，名为生因；如灯照物，能显了故，名为了因。"

⑥二空无我：指两种"无我"，即人无我（人空）和法无我（法空）。无我，又名"非我""非身"，指世界一切事物都系因缘和合，刹那生灭，无独立的实在自体。人无我，是说人由五蕴和合而成，没有恒常自在的主体。法无我，认为一切事物都由种种因缘和合而生，不断变迁，无常恒坚实的自体。

⑦**真如**：指绝对不变的永恒真理或本体。《成唯识论》卷九："真谓真实，显非虚妄；如谓如常，表无变易。谓此真实，于一切位，常如其性，故曰真如。"它不能用语言、思维来表达，是唯一真实的精神本体。

⑧**法界**：指现象的本源和本质，尤其指成佛的原因，与真如、法性、无相、实相等概念的性质相同。

⑨**自觉圣智**：密教大日如来所具五种智慧之一。因据此智慧能无师自悟，故名。

⑩**普光明智**：普照一切世界的智慧。认为如来有大智慧光明，能普照无量世界。

译文

问：古代高僧曾说：若要我建立宗旨，就好比从乌龟身上取毛，兔子头上寻角。《楞伽经》的偈颂说："一切法不生不灭，不应立这一宗旨。"那么，为什么却要标立这一章的名称呢？

答：此语并不尽然。假若建立没有宗派之见的宗旨，那也就是宗门与教说同时通达无碍。过去佛都垂示方便接引之门，禅宗也开辟了一条通往觉悟的道路，万万不可执着方便而迷失了根本旨意，也不可丢弃方便而断绝了教说。然而，当机之前不必言说，言说之后没有真实。

假如说是存在着一解一悟的分别，就谈不上一乘佛法，只能算是方便的佛法。所以《大智度论》说："以佛眼察看整个世界，一切事物既不见'无'，更何况'有'？一切事物本质是空，所以能破除各种错误认识。即使要让菩萨成佛这样的事，尚无可能，何况凡夫俗子认识颠倒，执着于有！"

现在我依据佛和祖师的言语教说，从学佛者随时随处发明心性的角度概括，立"一心"以为宗旨。西方释迦牟尼佛说："以佛所说的心为纲宗，以无门为法门。"汉地禅宗初祖菩提达摩说："以心传心，不立文字。"诸佛一一传授，传授的就是这一旨意；祖师历代相承，相承的就是这一个心。

刚才概述了诸佛和祖师所立的宗旨，接着再说教家学者所立的宗旨。华严初祖杜顺和尚根据《华严经》，建立自性清净圆明本体。这也就是如来藏中的真如本体，它的本性从来圆满具足，处于污垢而不染着，不因陶冶而洁净。所以说，自体清净，光明普照十方，无处不为之广被。所以说，圆满光明而又随波逐流，似乎受了污染却仍洁净如初，由于随缘自在反而除却尘垢而无不净。这一真如本体，在圣人身上并不见得有所增加，在凡人身上也并不见得有所减少。虽然它有显著和隐蔽的不同表现，但本质上没有差异。若是烦恼覆障，它便隐约不见；若是智慧照耀，它便清晰显露。它并非由"生因"所生起，而是通过"了因"来照显了悟。这也就是众生自心的本体，它具有灵知灵觉，体用双举，无所遗漏。这不但是华严宗的根本，而且也是一切教门的主旨。

《佛地论》建立一个清净法界本体。《论》中说："清净法界，就是一切如来的真实自体，它从本以来自性清净，圆满具足一切。世界无数至精至微的元素，以及本体界、现象界的所有功德，都无生无灭，如同虚空。世间一切有情，没有高下，一概如此。一切事物，既非同也非异，既非有也非无。离开一切事相，所有认识和概念，都不复存在。唯一真实的是清净智慧所证得的两种"无我"。由此而体现的真如，便是它的自性，它由诸圣分别证得，又由诸佛圆满证得。而这一被证得的"清净法界"，就是真如妙明真心，它是成就佛果的根源，也是众生修行的根本。

以上都是建立宗旨的另一说法，并非还有什么别的本体。要说是"宗"，那是为了表示尊崇，所以说"以心为宗"。为此，释迦牟尼佛说："天上天下，唯我独尊。"要说是"体"，那是心性，所以说"以心为体"。由此可知，一切事物只是自心的变现。要说是"智"，那是以心为智慧，就是本性体用的功能，因而有"自觉圣智""普光明智"等之说。

倘若按道理和功用区分，则本体归一而功能有别；倘若会同归趋，则平等一如，无有高下。所以《华严记问》说："等觉和妙觉两个阶位，全与如来之位相同。"所以这一章所说等觉、妙觉、三觉、二觉，全然等同。"所谓"普光明智"，就是会通归趋之意。

原典

问：等觉同妙觉，于理可然。妙觉之外，何有如来普光明智，为所同耶？

答：说等觉，说妙觉，即是约位。普光明智不属因果，该通因果。其由自觉圣智超绝因果故。《楞伽经》妙觉位外更立自觉圣智之位，亦犹佛性①，有因有果；有因因，有果果。以因取之，是"因佛性"；以果取之，是"果佛性"。然则佛性非因非果，普光明智亦复如是。体绝因果，为因果依，果方究竟。故云：如来普光明智，或称为本者，以心为本故。《涅槃疏》云："涅槃②宗本者，诸行皆以大涅槃心为本。本立道生，如无纲目不立，无皮毛靡附。心为本故，其宗得立。"

注释

①**佛性**：又名如来性、觉性。原指佛陀的本性，后

来发展为成佛的根据、觉悟的因性或种子。小乘不认为众生都可以成佛，大乘则主张以成佛为目的，从而对佛性提出各种见解。

②涅槃：本义为寂灭、灭度。指佛教全部修习所要达到的最圆满的境界。系对一切烦恼及由此而来的生死诸苦的彻底灭除。大、小乘佛教对此有不同的解释。

译文

问：等觉与妙觉的关系，道理上是一样的。但在妙觉之外，为什么还有普光明智？它们是否同一回事？

答：说等觉，说妙觉，是就阶位而言的。普光明智不属因果，却兼通因果。这是由于自觉圣智超绝了因果。《楞伽经》在妙觉之位外，又建立起自觉圣智之位，这也好比佛性的有因有果，有产生原因的因，有造成结果的果。从因的角度说，是"因佛性"；从果的角度说，是"果佛性"。那么，佛性既非因也非果，普光明智也是如此，本体超绝因果，为因果所依，果才达到至极。所以说，如来的普光明智，要说它是根本的话，那是因为它以心为根本。《涅槃疏》说："涅槃奉持根本，一切事物的生起、变化都以大涅槃之心为根本。根本确立了，道理也就出来了。好比没有纲，目便不成；没有皮，毛便无处依附。故以心为根本，宗旨方能确立。"

原典

问：若欲明宗，只合纯提祖意，何用兼引诸佛菩萨[①]言教以为指南？故宗门中云，借虾为眼，无自己分，只成文字圣人，不入祖位。

注释

①**菩萨**："菩提萨埵"的简称。意思是"觉有情""道众生"。指那些发菩提心，上求佛道，下度众生的人。大乘佛教以此泛称出家僧侣或在家居士。

译文

问：想要明辨宗旨，只须提示祖师思想，何必还要引用佛、菩萨的言教以为指南？所以宗门中有这种说法：借虾为眼，与自己没有关系；他只能成为因文字而觉悟的圣人，却不能列入祖师之位。

原典

答：从上非是一向不许看教，恐虑不详佛语，随文生解，失于佛意，以护初心。或若因诠得旨，不作心境对治，直了佛心，又有何过？只如药山和尚一生看《大涅槃经》，手不释卷。时有学人问和尚："寻常不许学人看经，和尚为什么自看？"师云："只为遮眼。"问："学人还看得不？"师云："汝若看，牛皮也须穿。"

且如西天第一祖师，是本师释迦牟尼佛。首传摩诃迦叶为初祖；次第相传，迄至此土六祖，皆是佛弟子。今引本师之语训示弟子，令因言荐道，见法知宗；不外驰求，亲明佛意。得旨即入祖位，谁论顿渐之门[①]，见性现证圆通。岂标前后之位？若如是者，何有相违？且如西天上代二十八祖，此土六祖，乃至洪州马祖大师，及南阳忠国师、鹅湖大义禅师、思空山本净禅师等，并博通经论，圆悟自心所有；示徒皆引诚证，终不出自胸臆，妄有指陈。是以绵历岁华，真风不坠。以圣言为定量，邪伪难移；用至教为指南，依凭有据。

故圭峰和尚云：谓诸宗始祖，即是释迦。经是佛语，禅是佛意；诸佛心口，必不相违。诸祖相承，根本是佛亲付；菩萨造论，始末唯弘佛经。况迦叶乃至毱多，弘传皆兼三藏。及马鸣、龙树，悉是祖师，造论释经数十万偈，观风化物无定事仪。所以凡称知识，法尔须明佛语，印可自心。若不与了义一乘圆教相应，设证圣果，亦非究竟。今且录一二，以证斯文。

洪州马祖大师云：达摩大师从南天竺国来，唯传大乘一心之法。以《楞伽经》印众生心，恐不信此一心之法。《楞伽经》云："佛语心为宗，无门为法门。"何故？佛语心为宗，"佛语心"者，即心即佛，今语即是心语。故云，佛语心为宗。"无门为法门"者，达本性空，更无一法；性自是门，性无有相，亦无有门。故云，无门为法门。亦名空门，亦名色门。何以故？空是法性②空，色是法性色。无形相故，谓之"空"；知见无尽故，谓之"色"。故云：如来色无尽，智慧亦复然。随生诸法处，复有无量三昧门③，远离内外知见情执。亦名"总持门"，亦名"施门"。谓不念内外，善恶诸法，乃至皆是诸波罗蜜门④；色身佛是实相⑤佛。

《家用经》云："三十二相、八十种好，皆从心想生。"菩萨行般若⑥时，火烧三界，内外诸物尽，于中不损一草叶，为诸法如相故。故经云："不坏于身而随一相。"今知自性是佛，于一切时中，行住坐卧，更无一法可得；乃至真如，不属一切名，亦无无名。故经云："智不得有无，内外无求，任其本性，亦无任性之心。"经云："种种意生身，我说为心量。"即无心之心，无量之量；无名为真名，无求是真求。经云："夫求法者，应无所求。"心外无别佛，佛外无别心。不取善，不作恶，净秽两边俱不依。法无自性，三界唯心⑦。经云："森罗及万象，一法之所印。"凡所见色，皆是见心。心不自心，因色故心；色不自色，因心故色。故经云："见色即是见心。"

注释

①**顿渐之门**：指禅宗内部因风格不同而形成的两种主要派系分歧。五祖弘忍之后，惠能与神秀各自传法，因思想不一，形成南北禅宗的对立。惠能及其弟子在南方传授以顿悟为根本的禅法，神秀及其弟子则在北方实行和宣传以循序渐进的修行为特色的禅法。

②**法性**：与真如、涅槃、实相等概念属同等性质，着重指现象的本质、本体。佛教各派对"法性"有不同解释。般若学以"性空"为诸法之法性，唯识宗以"唯识实性"为诸法之法性，华严宗以"真如"为法性。《大乘起信论》将法性与真如并称。

③**三昧门**：三昧，也作"三摩地"，意思是"定"或"正定"，即排除一切杂念，使心平静，转义为去缠缚而得自在。又转义为凡事得其诀要者为得三昧。三昧门，即正定法门。

④**波罗蜜门**：波罗蜜，"波罗蜜多"的简略。意译为"到彼岸""度"，即从生死迷界的此岸到达涅槃解脱的彼

岸。大乘以六项修持内容为到达涅槃彼岸的方法或途径，称作"六波罗蜜"或"六度"。波罗蜜门，即度人到彼岸的法门。

⑤**实相**："诸法实相"的简称，与真如、法性、法界等概念同义。指宇宙间一切事物的真相，此真相常住不变，唯一真实。

⑥**般若**：意译为"智慧"。但它不是指一般人的智慧，而是指超越世俗认识，直接把握佛教真理的特殊智慧。它的全称为"般若波罗蜜"或"般若波罗蜜多"，意译为"智度"，是"六波罗蜜"之一。指通过这种智慧，可以到达涅槃彼岸（即成佛）。

⑦**三界唯心**：是说世俗世界的一切都由心造作而成，心是万物的本体。三界，指欲界、色界、无色界。佛教各派对这里的"心"有不同解释。华严宗据《大乘入楞伽经》《大乘起信论》等经典认为，这"心"即如来藏或真如。瑜伽行派和法相唯识宗认为，这"心"就是阿赖耶识，指出三界万法唯识所变。

译文

答：历来并非一向不许阅读经典，只是恐怕有的人未曾领会佛经内容，随顺文字而作各种理解，背离了佛的真实思想。这是出于对初发心学佛者的爱护。假如有人根据经典文字而获取要旨，不须以内心对治外境，便直接了悟佛心，这又有什么过失呢？就像药山和尚一生看《大涅槃经》，手不释卷。当时有求道者问他："平时您不准我们看经，但您为什么自己老是看经？"和尚回答道："我只为遮掩眼目而已。"求道者又问："我是否也能看经？"和尚说："你要是看，须得把牛皮也看穿。"

印度第一祖师，就是本师释迦牟尼佛。他传法于摩诃迦叶，是为禅宗西天初祖；然后代代转相传承，直至汉地六祖，都是佛的弟子。如今引录释迦牟尼佛的教导来训诫弟子，让他们通过言教而进取佛道，看到佛法而领会宗旨，克服向外追求，亲自明了佛的旨意。凡获得旨意的，便列入祖师之位，不论他出自顿悟还是渐修；凡明心见性的，便当即证得圆融通达，何必标示前后位次？如果是这样，读经与禅宗宗旨又有什么矛盾呢？比方说西天二十八祖、中土六祖，乃至洪州马祖道一大师，以及南阳慧忠国师、鹅湖大义禅师、思空山本净禅师等，个个都博通经论，于自心圆通悟解。凡开示徒众，都一一引用具体证据，终究不敢任意发挥，随心所欲。因而真风不坠，传承久远。以佛陀言论为标准，就不会为邪伪所欺骗；用佛的教导为指南，就有了可靠的凭据。

所以圭峰宗密和尚说：所说各宗派的祖师，都是释迦牟尼。经是佛的语言，禅是佛的心意，佛的心和口，当然绝无矛盾。祖师代代相承，都源于佛的亲自咐嘱；菩萨所造论典，无非始终弘扬佛经。何况自摩诃迦叶乃至优婆毱多，他们对禅的弘传都要兼及三藏。马鸣和龙树都是祖师，他们著述论典、注释佛经数十万偈颂，根据实际情况进行化导，不受拘束。所以，凡通达佛理的大德，自然也就必须明白佛的言教，以印可自心。如果他未能与准确阐明教义的一乘圆教契合，那么，即使证得了圣果，那也并非是至极的。这里姑且摘录数则，以证实上述观点。

洪州马祖大师说：达摩大师从南印度来，只是传授大乘"一心"法门。他以《楞伽经》印证众生的"心"，担心众生不信这一心法门。《楞伽经》说："以佛所说的心为纲宗，以无门为法门。"为什么？"佛语心为宗"，所谓"佛语心"，是说心即是佛，佛所说便是心所说，所以说要以佛所说的"心"为根本。"无门为法门"，是说认识到本性是空，世界空无一物，这样，性自身就是法门。但既然性没有形相，所以性也就是无门，所以说要以无门为法门。这一法门，又称"空门"及"色门"。为什么？空是指法性空，色是法性色。从没有形相的角度说，是"空"；从具有无尽智慧角度说，是"色"。因此说，如来所显现的事物无穷，如来所具的智慧也无穷。在产生一切事物的地方，又有无数的三昧法门，它们远离众生的内外知见和情执。这些法门又称无所遗漏的"总持门"，又称布施佛法的"施门"。不忆念内外一切现象，善恶一切事物都将是解脱法门，具体的肉身佛也就是实相佛。

《家用经》说："佛的所谓三十二相、八十种好，都因心想而生。"菩萨以般若之智慧度人时，火烧欲界、色界、无色界这世俗"三界"，将一切化为乌有，却又未曾损坏一草一叶，原因在于一切事物都只是实相，本质是空。所以经中说："不必坏灭肉身便可随顺实相。"既已知道自性是佛，则无论何时何地，在行、住、坐、卧中，任何佛法都不复存在；乃至说到真如，它既不属任何名词概念，也非无名词概念。所以经中说："智慧既不是有也不是无，内外都求取不得，听任其本性所为，却又无任性的心。"经中又说："由种种意识所产生的身体，要我说就是住于无心的度量，也就是无心之心，无量之量。"无名就是真名，无求就是真求。经中说："求取佛法的人，应当无有所求。"在心之外没有别的佛，在佛之外没有别的心。不取善，也不作恶；既不依清净，也不依污秽。一切事物都无独立的自体，世俗世界的一切都由心造作而成。经中说："世间一切森罗万象，都为一法所印证。"凡所见到的外物，实际上都是见到自心。心并非自己成为心，是因外物而有心；外物并非自己成为外物，是因心而有外物。所以经中说："见到外物就是见到自心。"

原典

南阳忠国师云：禅宗法者，应依佛语，一乘了义，契取本原心地，转相传授，与佛道同。不得依于妄情，及不了义教，横作见解，贻误后学，俱无利益。纵依师匠领受宗旨，若与了义教相应，即可依行；若不了义教，互不相许。譬如师子身中虫，自食师子身中肉，非天魔外道而能破灭佛法矣。

时有禅客问曰："阿那个是佛心？"师曰："墙壁瓦砾，无情之物；并是佛心。"禅客曰："与经大相违也。经云，离墙壁瓦砾，无情之物，名为佛性。今云一切无情之物皆是佛心，未审'心'之与'性'为别不别？"师曰："迷人即别，悟人不别。"

禅客曰："与经又相违也。经云，善男子！心非佛性，佛性是常，心是无常。今云不别，未审此意如何？"

师曰："汝自依语不依义。譬如寒月，结水为冰，及至暖时，释冰为水。众生迷时，结性成心，悟时释心成性。汝定执无情之物非心者，经不应言'三界唯心'。故

《华严经》云:'应观法界性,一切唯心造。'今且问汝,无情之物为在三界内?为在三界外?为复是心?不是心?若非心者,经不应言'三界唯心';若是心者,又不应言'无性'。汝自违经,我不违也。"

鹅湖大义禅师因诏入内,遂问京城诸大师:"大德,汝等以何为道?"或有对云:"知见为道。"师云:"《维摩经》云,法离见闻觉知,云何以知见为道?"又有对云:"无分别为道。"师云:"经云,善能分别诸法相①,于第一义而不动。云何以无分别为道?"

又皇帝问:"如何是佛性?"答:"不离陛下所问。"是以或直指明心,或破执入道。以无方之辩,祛必定之执;运无得之智,屈有量之心。

思空山本净禅师语京城诸大德云:"汝莫执心,此心皆因前尘而有,如镜中像,无体可得。若执实有者,则失本原常无自性。"《圆觉经》云:"妄认四大为自身相,六尘缘影为自心相。"《楞伽经》云:"不了心及缘,则生二妄想;了心及境界,妄想则不生。"《维摩经》云:"法非见闻觉知。"且引三经,证斯真实。

五祖下庄严大师,一生示徒,唯举《维摩经》宝积长者赞佛颂末四句云:"不着世间如莲华,常善入于空寂行;达诸法相无罣碍,稽首如空无所依。"学人问云:"此是佛语,欲得和尚自语。"师云:"佛语即我语,我语即佛语。"是故初祖西来，创行禅道，欲传心印，须假佛经。以《楞伽》为证明，知教门之所自。遂得外人息谤，内学禀承，祖胤大兴，玄风广被。是以初心始学之者，未自省发已前，若非圣教正宗，凭何修行进道？设不自生妄见，亦乃尽值邪师。故云，我眼本正，因师故邪。西天九十六种执见之徒，皆是斯类。故知木匪绳而靡直，理非教而不圆。

注释

①**法相**：泛指一切事物的形相、性质、概念及其含义等等。《大乘义章》卷二："一切世谛，有为无为，通名法相。"通过对法相的定义和分析，佛教各派往往表达各自的教义。

译文

南阳慧忠国师说：禅宗的修习，应当依据佛的教导，以准确阐明教义的一乘教，契合自己的本心，转相传授，与佛的教法相一致。不应当依据虚妄不实的情识，以及未能准确阐明教义的教法，乱生见解，贻误后学。纵然根据宗师领受了宗旨，要是与准确阐明教义的教法相一致，就可以依此而实行，但若是不能与准确阐明教义的教法一致，便不可认同。这就好比狮子身上的虫，以狮子自身为食，佛法并非由天魔及外道所能摧灭的。

当时有一禅僧问慧忠国师道："佛心在哪儿呢？"慧忠答道："墙壁瓦砾，一切没有情识的事物都是佛心。"禅僧又问道："你这话不是与佛经所说大相矛盾吗？经中说，离开墙壁瓦砾等一切没有情识的事物都是佛心，现在你却说一切没有情识的事物都是佛心，不知其中'心'与'性'是同或异呢？"慧忠回答说："迷惑的人认为有区别，觉悟的人则认为没有区别。"

禅僧又问："这话与佛经又矛盾啦。经中说，一切信奉佛法的人，心并非佛性，因为佛性永恒不变，而心则生灭变化。现在你却说没有区别，不知什么意思？"

慧忠答道："你只是根据文字语言来理解，而不是根据其中所体现的精神。比方说，寒冬腊月时，结水成冰，待到春暖花开时，又化冰为水。众生迷惑时，将性凝聚为心，一旦觉悟时，便将心融释成性。你咬定没有情识的事物不是佛心，那么，佛经就不该说'三界唯心'了。因此，《华严经》说：'应该看到究竟圆满、遍于十方诸法，世间一切都为心所造作。'现在我姑且问你，没有情识的事物是在三界之内，还是在三界之外？它们是心，还是非心？如果不是心，那么，佛经上就不应该说是'三界唯心'；如果是心，那么则不应该说是'无性'。

这是你自己违背了经典，我可没有违背。"

鹅湖大义禅师奉诏入内廷说法，他问京城的佛教大师们："诸位，你们说应以什么为佛教的根本原理？"有人回答说："应以知见为解脱之道。"大义说："《维摩经》上说，佛法应远离见闻觉知，怎能以知见为根本呢？"又有人回答说："以不作分别为根本。"大义说："经中写道，善于分别一切事物的相状，就可立于究竟之真理。为什么却要以不作分别为根本呢？"

皇帝问他："什么是佛性？"他答道："陛下所问便是体现佛性。"所以，有的人直指人心，明心见性；有的人破除执着，悟入佛道。以无一定方法的辩论，去除固有的执着；运用无所得的智慧，克服有度量的心。

思空山本净禅师告诉京城的僧侣们说："你们不要执着自己的心，因为这心由外物而引起，好比镜中之像，并无实体；倘若把它执为实有，则失去了它无自性的本来性质。"《圆觉经》说："错误地把地、水、火、风四大当作自己的形相，把色、声、香、味、触、法六尘影像当作自心的形相。"《楞伽经》说："不了达心以及心的虑知作用，就会产生两种妄想；了达心以及心所攀缘的境界，也就不会出现妄想。"《维摩经》说："佛法并不属于见闻觉知。"姑且引述了三部佛经，以证明这一道理。

五祖弘忍门下庄严大师，一生教示徒众，只举《维摩经》中宝积长者赞叹佛的偈颂的最后四句。这四句是："不染着于世间犹如莲花，一切言行总相合于空的道理；通达事物的形相无有障碍，礼敬平等真空无所依托。"有学法者对他说："这是佛所说的，希望能听到和尚自己的说法。"庄严答道："佛所说的就是我所说的，我所说的也就是佛所说的。"为此，达摩西来，创立禅宗，他想要传授心印，就必须借助于佛经。他以《楞伽经》为证明，可知与教门相联系。由此而使非佛教徒们不再诽谤，而学佛者纷纷禀承；从而法嗣兴隆，玄风广被。

所以，初发心求学的出家人，在自己尚未入门之前，如果不依赖佛教经典，依止什么修行、入道呢？即使不自生各种虚妄见解，也总会遇到各类邪师。因此说，我眼本来正，因受师教而邪，西天九十六种错误外道，都是这类邪师。可见，木没有准绳而不直，理没有教典就不圆。

原典

如上略引二三，皆是大善知识，物外宗师，禅苑麟龙，祖门龟镜。示一教而风行电卷，垂一语而山崩海枯。帝王亲师，朝野归命，丛林取则，后学禀承。终不率自胸襟，违于佛语。凡有释疑去伪，显性明宗，无不一一广引经文，备彰佛意。所以永传后嗣，不坠家风。若不然者，又焉得至今，绍继昌盛？法乃如是，证验非虚。

又若欲研究佛乘，披寻宝藏，一一须消归自己，言言使冥合真心。但莫执义上之文，随语生见；直须探诠下之旨，契会本宗，则无师之智现前，天真之道不昧。如《华严经》云："知一切法，即心自性，成就慧身，不由他悟。"故知教有助道之力，初心安可暂忘。细详法利无边，是乃搜扬纂集。

且凡论宗旨，唯逗顿机。如日出照高山，驰马见鞭影。所以丹霞和尚云："相逢不拈出，举意便知有。"如今《宗镜》，尚不待举意，便自知有。故《首楞严经》云："圆明了知，不因心念；扬眉动目，早是周遮。"如先德颂云："便是犹倍句，动目即差违；若问曹溪旨，不更待扬眉。"今为乐佛乘人实未荐者，假以《宗镜》，助显真心。虽挂文言，妙旨斯在；俯收中下，尽被群机。但任当人，各资己利。

百川虽润，何妨大海；广含五岳，自高不碍。太阳普照，根机莫等。乐欲匪同，于"四门"入处虽殊，在一真见时无别。如获鸟者，罗之一目，不可以一目为罗；理国者，功在一人，不可以一人为国。如《内德论》云："夫一水无以和羹，一木无以构室；一衣不称众体，一药不疗殊疾；一彩无以为文绣，一声无以谐琴瑟；一言无以劝众善，一戒无以防多失。"

何得怪渐、顿之异，令法门之专一？故云，如为一人，众多亦然；如为众多，一人亦然。岂同劣解凡情而生局见？我此无碍广大法门，如虚空非相，不拒诸相发挥；似法性无身，匪碍诸身顿现。须以"六相义"①该摄，断、常之见方消；用"十玄门"②融通，去、取之情始绝。又若实得，一闻千悟，获大总持。即故假言诠，无劳解释。船筏为渡迷津之者，导师因引失路之人。凡关一切言诠，于圆宗所示，皆为未了。文字性离，即是解脱。迷一切诸法真实之性，向心外取法，而起文字见者，今还将文字对治，示其真实。若悟诸法本源，即不见有文字，及丝毫发现。方知一切诸法，即心自性。则境智融通，色空俱泯。

当此亲证圆明之际，入斯一法平等之时，又有何法是教而可离，何法是祖而可重，何法是顿而可取，何法是渐而可非？则知皆是识心，横生分别。所以祖佛善功，密布权门，广备教乘，方便逗会。才得见性，当下无心。乃药病俱消，教观咸息。如《楞伽经》偈云："诸天及梵乘，声闻缘觉乘，诸佛如来乘；我说此诸乘，乃至有心转，诸乘非究竟；若彼心灭尽，无乘及乘者，无有乘建立；我说为一乘，引导众生故，分别说诸乘。"

故先德云："一翳在目，千华乱空；一妄在心，恒沙生灭。翳除华尽，妄灭证真；病差药除，冰融水在。神丹九转，点铁成金；至理一言，点凡成圣。狂心不歇，歇即菩提；镜净心明，本来是佛。"

注释

①**六相义**：即"六相圆融"。华严宗重要学说之一，用以说明"法界缘起"之原理。由智俨初创，法藏加以完善。六相，指总相和别相、同相和异相、成相和坏相。华严宗用这三对范畴，从六个方面说明，一切现象虽然各有自性，但又都可以融合无间，完全没有差别。

②**十玄门**：即"十玄缘起"。华严宗重要学说之一，与"六相圆融"会通而构成"法界缘起"的中心内容。首创于智俨，称"古十玄"；完成于法藏，称"新十玄"。两者内容相同，次第则略有变动。"新十玄"是：同时具足相应门，广狭自在无碍门，一多相容不同门，诸法相即自在门，隐密显了俱成门，微细相容安立门，因陀罗网境界门，托事显法生解门，十世隔法异成门，主伴圆明具德门。"十玄门"旨在说明，世界一切事物之间无不相即相入，圆融自在，形成一无穷无尽、互为条件、互相包容，并且永无矛盾、圆融无间的和谐

之网。

译文

　　以上所引几位，都是高明出众的人物，是物外宗师，禅苑麟龙，祖门龟镜。他们每开示一言便风行电卷，每教导一句便山崩海枯。帝王亲自拜之为师，朝野纷纷归趋；丛林以之为准则，后学加以禀承。他们到底都没有随心所欲，背离于佛的言说。凡是释疑去伪，显示心性、阐明宗旨的地方，他们无不广泛引用佛经，全面显扬佛的旨意。所以能永传后代，使家风不坠。如果不是这样，那为什么禅宗至今仍支脉繁盛？事实就是如此，这里已得到验证。

　　再则，想要研究佛法，披阅藏经，都须由自己加以消化，使经论的每句话冥合真心，只是不要执着文句，随顺文句而表达见解，而要直下探取言诠的要旨，以契合本来宗旨。这样，无师之智就会产生，天真之道清晰展现。如《华严经》说："知道一切事物就是心、自性，那么，成就圆满智慧之身，就不需借助于别的什么了。"所以，言教有助于通向佛道，初学佛者决不可忘了。详细考察佛法有无边无际的功德利益，为此而搜扬纂集了这些资料。

再说，凡是论及宗旨，唯有投合顿悟的根机。好比日出照高山，驰马见鞭影。所以丹霞天然和尚说："相逢不必提到话题，只要相互暗示便已领会。"如今我的《宗镜录》，不必等待暗示，便已冷暖自知。所以《首楞严经》说："圆满明白地了知实相，并不依靠起心动念；即使扬眉动目之举，也早已是全然否定了。"如先前有禅僧的偈颂写道："言语显得多余，动目随即背离；如问惠能宗旨，不必待到扬眉。"现在为有志于求取大乘之道而又未曾实现的人，借此《宗镜录》，帮助他们显示真心。虽然采用了文字语言，但妙旨就在其中；重点虽在中、下根机，但又广被所有根机。各类根机各据自己所需，便可获取利益。

江河虽然滋润着大地，但又何妨大海的存在；五岳虽高，却不碍群山。太阳普照世间，但众生根机依然参差不齐。各人的爱好并非一致，所入的有、空、亦有亦空、非有非空各门虽不相同，但达到觉悟时的境界没有差别。好比猎鸟的人，用一只眼瞄准，但不可把一只眼当作捕鸟器具；治理国家的，往往某人有特殊功绩，但不能认为这个人就代表了国家。如《内德论》所说："一杯水不能调成五味之羹，一根木难以建造房屋；一件衣不能适合众人之体，一味药无法治愈各种疾病；一种色彩不能制成漂亮的衣服，一种声音难以谐和琴瑟；一句话不能引导众人避恶趋善，一条戒律无法防范诸多错误。"

为什么要责怪顿、渐的不同，强求法门统一？所以说，如为一人而设，众多也能适应；如为众多而设，一人也能适应。怎能等同于凡夫俗子的拙劣见解而产生片面认识？我这一无碍广大法门，犹如虚空无有形相，但又不碍各种形相的显现；好比法性没有身形，但并不妨碍各种身形顿现。必须以"六相圆融"的教义统摄，才能使"断""常"等错误认识消除；只有以"十玄缘起"思想融通，才能截断"去""取"的念头。若是实有所得，则才有所闻便已觉悟，获取无碍解脱。所以借助言诠，无需多作解释。船筏为济渡迷津者而设，导师为指引迷途者而立。凡一切有关言诠，从圆宗角度看，都并非彻底。离却文字性时，就是解脱。不懂得一切事物的真实本性，向心外追求佛法，从而生起对语言文字的执着。对于这类人，现在还是要以语言文字来进行对治，使之认识真实。一旦觉悟了事物的本源，也就不复有语言文字以及其他一切的存在。这时也就知道了，一切事物就是心、自性。于是，外境与智慧融通一际，现象与空性俱时消失。

在这亲证圆通光明之际，入此平等一如之时，又有哪种佛法因为是言教而可以脱离，哪种佛法因为是祖师禅而可以器重，哪种佛法因为是顿悟而可以采用，哪种佛法因为是渐修而可以非议？由此可见，凡所有分别认识，都是由心王在起作用。所以，佛祖功德遍布权宜之门，广备一切派系，以种种善巧方便接引众生，才得见性，便当下无心。于是，药与病、言教与思维一起消弭。如《楞伽经》的偈颂说："一切天神及菩萨乘，声闻乘和缘觉乘，还有诸佛如来乘；我说这些系统，都得随心的生灭而生灭，因而都不是至极；一旦众生断灭了心的活动，则不管是这系统那系统，实际上没有系统可以建立；要说有系统，那只有一佛乘，但为了引导众生，不得已分别宣说诸乘。"

所以，先前高僧曾说过："眼有细物障蔽，所见景物便模糊不清；心中有一丝妄念，便有无限生灭变化。物去眼明，妄念灭尽，证得真实；病愈药除，冰融水在。神丹九转，点铁成金；至理一句，点凡成圣。狂心不歇，歇即正觉；镜净心明，本来是佛。"

原典

问：如上所标，已知大意。何用向下更广开释？

答：上根利智，宿习生知，才看题目，"宗"之一字，已全入佛智海中，永断纤疑，顿明大旨。则一言无不略尽，摄之无有遗余。若直览至一百卷终，乃至恒沙义趣，龙宫宝藏，鹫岭金文，则殊说更无异途，舒之遍周法界。

以前略后广，唯是一心；本卷末舒，皆同一际；终无异旨，有隔前宗。都谓迷情妄兴取舍，唯见纸墨文字，嫌卷轴多，但执寂默无言，欣为省要。皆是迷心徇境，背觉合尘；不穷动、静之本原，靡达一、多之起处。偏生局见，唯惧多闻；如小乘之怖法空，似波旬之难众善。以不达诸法真实性故，随诸相转，堕落有无。

今此无尽妙旨，标一法而眷属随生；圆满性宗，举一门而诸门普会。非纯非杂，不一不多。如五味和其羹，杂彩成其绣，众宝成其藏，百药成其丸。边表融通，义味周足；搜微抉妙，尽《宗镜》中。依正混融，因果无碍；人法无二，初后同时。凡举一门，皆能圆摄，无尽法界。非内非外，不一不多；舒之则涉入重重，卷之则真门寂寂。

如《华严经》中，师子座中，庄严具内，各出一佛世界，尘数菩萨身云。此是依正，人法无碍。又如佛眉间出胜音等佛世界，尘数菩萨。此是因果，初后无碍。乃至刹土微尘，各各具无边智德；毛孔身分，一一摄广大法门。何故如是奇异难思，乃一心融即故尔。

以要言之，但一切无边差别佛事，皆不离无相真心而有。如《华严经》颂云："佛住甚深真法性，寂灭无相同虚空；而于第一实义中，示现种种所行事；所作利益众生事，皆依法性而得有；相与无相无差别，入于究竟皆无相。"又《摄大乘论》颂云："即诸三摩地①，大师说为心，由心彩画故。"

此一念之心，刹那起时，即具"三性""三无性"②六义。谓一念之心是缘起法，是"依他起"；情计有实，即是"遍计所执"；体本空寂，即是"圆成"。即依"三性"说"三无性"，故六义具矣。若一念心起，具斯六义，即具一切法矣。

注释

①**三摩地**：即"三昧"。意思是定或正定。

②**三性、三无性**：为瑜伽行派和法相唯识宗的重要思想。"三性"，又称三相、三自相、三自性，是对一切现象的性相的有、无、假、实所作的分类和判断。它们是，遍计所执性、依他起性、圆成实性。依此"三性"，便可成立法相唯识宗"唯识无境"的宗旨。这就是："依他起"是指以心识为因缘而派生的现象界；对此现象界加以普遍分别计较，认为是客观实有，即名"遍计所执"；排除这种客观实有的观念，体认唯一心识才是最真

实的，从而达到"圆成实性"。《成唯识论》卷八："由彼彼遍计，遍计种种物；此遍计所执，自性无所有；依他起自性，分别缘所生；圆成实于彼，常远离前性。""三无性"针对"三性"而言，是对"三性"的补充说明，即相无性、生无性、胜义无性。

译文

问：根据上述所揭示的，已经明白其中要义。那为什么下面还要进一步说明呢？

答：凡是上等根机、智慧通利、生而知之的人，才看题目中"宗"这一个字，就已全然进入佛的智慧海洋，永远断灭一切疑惑，顿时明了佛法大旨。从而，一言无不收尽，统括没有遗漏。如果看完这一百卷，那么，无论多少义理所归，龙宫宝藏或鹫岭金文，虽然说法各有不同，但本质并无矛盾，伸展开来便可周遍法界。

本书前面略述而后面广释，但说的都以一心为根本；宗旨简明而引证舒展，皆为一际融通；全然没有标新立异，以致与以往宗派发生抵触。全以为迷妄之情会导致随意取舍，所以一看到纸墨文字，便厌恶卷轴繁富，于是执着寂默无言，欣喜地以为简易了当。其实这都是迷失自心而曲从外境，背离觉悟而和合客尘；不通"动"

"静"的本原，未达"一""多"的起处。偏生片面认识，害怕多闻多见；好比小乘畏惧法空思想，如同恶魔拒斥众善。这是由于他们未能了达事物的真实本性，因而追随事物相状，堕于"有""无"之中。

这里所说的无尽微妙之旨，标示一种教法则其他教法随之产生；圆满法性之宗，仅举一门则其他各门一齐会通。既非统也非杂，既不一也不多。就好像五味调和成为汤羹，多种彩绸制成华美衣服，大量宝物聚在一起成为"藏"，百种药物相合成为"丸"。里外融通，义味周足；搜微拾妙，尽入于《宗镜录》中。依报和正报浑然一片，因缘和果报融通无碍；世人与佛法并无二致，初发心和后发心一体同时。只要标举一个法门，便能圆融统一所有法门，乃至无尽法界。既非内也非外，既不一也不多；舒展开来则重重无尽，收拢起来则唯一真实法门。

比如《华严经》中说到，于佛所坐之处，功德庄严位内，各出一佛所化世界，以及无数菩萨之身。这是依报和正报，世人与佛法融通无碍。又比如佛的眉间生出胜音等佛所化世界，以及无数菩萨。这是因缘和果报，初发心和后发心融通无碍。乃至国土微尘，各具无边的智慧功德；毛孔身分，各统广大法门。什么缘故有上述奇异而难以想象的事，都因一心的圆融统摄作用。

简单说来，一切广大无边、各不相同的诸佛教化，都未曾脱离无相的"真心"。如《华严经》偈颂说："佛住于深邃的真实法性，寂灭而无有形相等同虚空；而于至极真理之中，显示种种所行之事；所作有益于众生的事，都依据法性原理而存在；形相与无相没有差别，究竟说来都归于无相。"又《摄大乘论》的偈颂说："有关各类正定，按佛所说就是心，因为他们都由心来决定。"

　　这一念之心，刹那间生起时，便已具足"三性""三无性"六种意义。就是说，一念之心是因缘，由此而生起万物，这是"依他起性"；对此世界万物加以执着，以为实有，便是"遍计所执性"；认识到这些现象的本质是空，就是"圆成实性"。依据这"三性"，再说"三无性"，便具有六种意义。倘若一念心起，便具足这六种意义，也就具足一切佛法了。

卷二

原典

问：既虑执指徇文，又何烦集教？

答：为背己合尘、齐文作解者，恐封教滞情，故有此说。若随诠了旨，即教明心者，则有何取舍？所以藏法师云："自有众生寻教得真，会理教无碍，常观理而不碍持教，恒诵习而不碍观空。"则理教俱融，合成一观，方为究竟传通耳。

问：凡申弘教，开示化人，应须自行功圆，历位亲证，方酬本愿。开方便门，则所利非虚，不违正教。今之所录有何证明?

答：此但唯集祖佛、菩萨言教，故称曰录。设有问答解释，皆依古德大意，傍赞劝修，述成至教。岂敢辄称开示，妄有指陈？且夫祖佛正宗，则真唯识性；才有信处，皆可为人。若论修证之门，诸方皆云，功未齐于诸圣。

且教中所许，初心菩萨皆可比知①，亦许约教而会。先以闻解信入，后以无思契同。若入信门，便登祖位。今集此《宗镜》，证验无边，应念皆通，寓目咸是。

今且现约世间之事，于众生界中，第一比知，第二现知②，第三约教而知③。

第一"比知"者，且如即令有漏④之身，夜皆有梦，梦中所见好恶境界，忧喜宛然，觉来床上安眠，何曾是实？并是梦中意识，思想所为。则可比知，觉时所见之事，皆如梦中无实。夫过去、未来、现在三世境界，元是第八阿赖耶识⑤亲相分⑥，唯本识所变。若现在之境，是明了意识分别，若过去未来之境，是独散暗意识⑦思惟。梦觉之境虽殊，俱不出于意识，则唯心之旨比况昭然。

第二"现知"者，即是对事分明、不待立。况且如现见青白物时，物本自虚，不言我青我白。皆是眼识见分⑧，自性任运分别，与同时明了意识，计度分别，为青为白。以意辩为色，以言说为青，皆是意言，自妄安置。且如"六尘"钝故，体不自立，名不自呼。一色既然，万法咸尔，皆无自性，悉是意言。故云，万法本闲，而人自闹。是以若有心起时，万境皆有；若空心起处，万境皆空。则空不自空，因心故空；有不自有，因心故有。既非空非有，则唯识唯心。若无于心，万法安寄？

又如过去之境，何曾是有？随念起处，忽然现前。若想不生，境不终现。此皆是众生日用，可以现知，不待功成，岂假修得？凡有心者，并可证知。故先德云："如大根人，知唯识者，恒观自心意言为境。"此初观时，虽未成圣，分知意言，则是菩萨。

第三，"约教而知"者，经云："三界唯心，万法唯识。"此是所证本理，能诠正宗，广在下文，诚证非一。如《成实论》云："佛说内外中间之言，遂即入定。时有五百罗汉各释此言。佛出定后，同问世尊：'谁当佛意?'佛说：'并非我意。'又白佛言：'既不当佛意，将无得罪?'佛言：'虽非我意，各顺正理，堪为圣教，有福无罪。'且如说小乘，自证法门，尚顺正理，何况纯引一乘，唯谈佛旨乎！"

《六行法》云："诸大智人，欲学道者，莫问大小，皆依理教⑨。若见权教⑩，虽是佛说，知非实语，即不依从。若见凡人，说有理者，虽非佛语，亦即依行。以有智人，学佛法者，善解如来，教有权实。依佛实教，宣说道理，则过凡愚、谬执权者。是以智人，若有所说，人虽是凡，法则同佛。如瓶传水，写置余瓶，瓶虽有异，所写水一。

"是故凡夫，结⑪虽未尽，不妨有解，能说实义。但使理解，心数⑫思量，此初观理，则异余凡。谓思人空，则是二乘，若观法空，则是菩萨。"

注释

①**比知**：指在现知的基础上，以一定的理由和事例为根据，由已知而推及未知。

②**现知**：指感觉，即指感觉器官对事物个别属性的直接反映，尚未加入思惟分别等理性活动，相当于直接经验。

③**约教而知**：指因言教而知，即通过接受教说而达到对佛法的领会。

④**有漏**：原意为漏泄，是烦恼的别名。凡是具有烦恼，导致流转生死的一切事物，都可称为有漏（法）。断除烦恼，便属无漏。

⑤**阿赖耶识**：意译为"藏识"。瑜伽行派和法相唯识宗所立心法"八识"中的第八识。该识含藏着产生世界

一切事物的精神性潜在功能（"种子"），成为世界万物的根本原因。世界之所以森罗万象，则由于"种子"的性质不同。此外，种子又有有漏、无漏之分。众生因有漏而导致生死流转，只有在经过善行的熏习后，有漏才转化为无漏，从而获得解脱。华严宗因主张如来藏缘起，所以阿赖耶识成为如来藏的派生物。《大乘起信论义记》："如来藏者，为无始虚伪所熏，名为识藏（即阿赖耶识）。"

⑥**相分**：指八识中每一识所攀缘（接触）的外境。瑜伽行派和法相唯识宗认为，认识发生时，要有认识的主体和认识的对象两个方面，前者被称为"能缘"，后者被称为"所缘"；八识的每一识体上，既具有"能缘"一面，名为"见分"，又具有"所缘"一面，名为"相分"。人的认识活动即为识体自身的"见分"去缘虑自身的"相分"。

⑦**独散暗意识**：指八识中第六"意识"于散乱之位，不伴随前五识而起，不攀缘色、声、香、味、触"五境"，而只是缘虑三世诸法以及空花水月等事物。

⑧**见分**：八识的每一识体上所具有的能够认识（"能缘"）对象的部分。参见"相分"。

⑨**理教**：天台宗建立化法四教（藏、通、别、圆），从佛所说教法的内容上判别经典。其中，通教是三界之

内的理教，圆教是三界之外的理教。三界，指欲界、色界、无色界。三界之外另有诸佛菩萨的净土。理，真理；与事相对。

⑩**权教**：佛法有权、实二教，"权"，意思是权宜方便；"实"，意思是究竟真实。天台宗等判法相唯识宗、三论宗等为权教，意思是只为权宜不究竟的教法；又判天台宗为实教，意思为一佛乘教法。华严宗也有类似判教。

⑪**结**：即结集、系缚、烦恼，为生死之根源。"断结"，即断除烦恼。

⑫**心数**：或名"心所"，是说一切有部和法相唯识宗等所列"五位法"之一。是相应于"心王"而起的心理活动和精神现象，为"心"所有。因该位法数量颇多，故名"心数"。如小乘有部《俱舍论》分为六类四十六种，唯识宗则分为六类五十一种。

译文

问：既然忧虑执着指头、曲从文字，那又为何烦劳搜集言教？

答：恐怕那些背离自己心性而趋附客尘、根据文字而强作解释的人，将祖佛言教封闭、滞着于个人感情，因而有此一举。倘若能依随解释而了悟宗旨，就着言教而明心见性，那么，也就不必有所取舍了。所以法藏法师说："自然有众生通过言教而获得真理，领会真理与言教统一无碍，经常观察思惟佛教真理而无碍于持奉教说，坚持诵习经典而无妨于观察思惟性空原理。"这样，真理与言教圆融一体，归于同一观察思惟。这才是佛法的至极弘通。

问：凡是表明要弘扬佛法，开示教化众生的人，首先应当自己功德圆满，历经修行位次而亲证佛果，才能实现自己的愿望。这样，开示佛法的方便之门，便会使众生获取利益，且不与真正的佛法发生冲突。现在你所采录的言教，又如何能证明这一点？

答：本书只是搜集祖师和佛、菩萨的言教，所以称之为"录"。其中安排了一些问答解释，也都是依照古代高僧的思想加以阐述，以劝人修习进取。我怎敢自称是给人作"开示"随意妄加指点？再说祖佛所传的佛法正宗，即是真唯识性；才有信入之处，便可为人作解。如果要说修证这一方面，则大家都会说，自己的功夫还未达到正道。并且，佛的教说允许初发心的菩萨都可以由已知而推及未知，也允许就言教而领会佛法。先是从听闻了解而信入，后又以无思无虑而契会。一旦进入自心澄净之门，便已登上祖师之位。这里所集录的《宗镜录》，有无边证验，应念都通，满目皆是。

现在姑且就世间事物，在众生界内，略述第一"比知"，第二"现知"，第三"约教而知"。

第一，"比知"，好比凡是没有脱离烦恼的人，夜里都会做梦，梦中见到的各种好恶现象，都有清晰的喜忧情感流露，但一觉醒来，自己还是安然睡在床上，哪有刚才梦见的事？凡梦中所见，都是第六识意识思惟想象的结果。由此可以推知，醒来时见到的一切，也都与梦中见到的一样，没有一件是实在的。所有过去、未来、现在"三世"现象，原来都是第八识阿赖耶识所接触的外境，属阿赖耶识本身所变现。如果是现在的外境，则是属于明了意识、计度分别；如果是过去或未来的外境，则是属于第六识意识处于散乱之位。可见，梦中和醒来所见的现象虽然不同，但都不出乎意识，于是，"唯心"这一宗旨就十分清楚了。

第二，"现知"，即是指眼前事物历历分明，不需另外建立。况且，比如当下见到青、白二色事物时，事物自身本来虚幻不实，说不上这是青那是白。所见青、白等颜色，都是因为眼识中能够认识对象的部分，随意加以分别，与明了事物的意识，一起加以计较度量的结果。以意辨为现象，以言说为颜色，都是因意、言的妄自处理。再比如色、声、香、味、触、法这"六尘"亦无自主性，其形体不由自立，其名称不由自称。一物是这样，万物也都是这样，都无独立存在的自体，都是意向和言说。所以说，一切现象本来无事，只是人们妄自折腾。因而，当"心"生起时，万物都是"有"；若"心"空的时候，万物便都是"空"。可见，空并不是自己空，因心而空；有并不是自己有，因心而有。事物既然是非空非有，那么，它们的本质便是唯"识"、唯"心"了。倘若没有心，万物怎么寄托？

又比如说过去的外境，何曾有过？那只是随妄念发动而忽然于眼前显现罢了；假若意念不生，则外境怎么也不会出现。这些都是众生日常遇到的，可以通过感觉而直接反映。不必等到功德圆满便能达到，又何必要借助于修习而获得呢？凡是有"心"的人，都可以加以证知。所以古代高僧说："像某些有上等根机的人，懂得'唯识'道理的人，总是思惟观察自心的意向、言语，并以此为外境。"起初观察思惟时，虽然尚未证得正道，但既已能分辨意向、言语，便已进入了菩萨境界。

第三，"约教而知"。经中说："三界唯心，万法唯识。"这是所证的真理本身，它能阐明佛法正宗。对此，下文将列举大量真凭实据。如《成实论》说："佛在说了'内外中间'的话后，随即入定。当时有五百罗汉各自阐释这话。佛出定后，他们一起问佛：'谁的阐释与佛的意思接近？'佛说：'都不是我的意思。'他们又问佛：'既不符合佛的意思，那不就曲解了吗？'佛告诉他们：'虽然不是我的意思，但皆各自顺应了正理，堪可成为圣人之教，有福而无罪。'比如说小乘吧，它能自己证悟法门，尚且顺应正理，何况全部引述的是一佛乘，纯粹谈论佛的旨意。"

《六行法》说："所有具有大智慧的人，想要学得佛法，不必问及佛法大小，都得依据理教。若是遇到权教，虽说它也是佛说，但一旦知道它并非如实言教，便不依从它。若是遇到凡人，其言说有理，虽然不是佛语，也应依从。因为智慧的人学习佛法，能善于理解佛意，知道佛的言教有权教和实教之分。根据佛的实教来宣说道理，则高于平庸愚昧、错误地执着权教的人。所以有智慧的人，如果有所言说，虽然这些言说是出于凡人之口，但所说内容亦等同于佛法。如这瓶中的水，要倒入别的瓶中，瓶虽然不一样，但所倒的水是一样的。

"所以，芸芸众生的烦恼虽然没有断尽，但这并不有碍于悟解，宣说真实的义理。只要佛理得到阐述，观察思惟'心所'的一切思想活动，这时他也就已不同于其他众生了。倘若理解'人空'，便是二乘；倘若观得'法空'，便是菩萨。"

原典

问：诸佛方便教门，皆以众生根起。根性不等，法乃尘沙。"三十七品"①助道之门，"五十二位"②修行之路，云何唯立一心，以为"宗镜"？

答：此一心法，理事圆备，是大悲③父、般若母、法宝藏、万行原，以一切法界、十方诸佛、诸大菩萨、缘觉声闻、一切众生，皆同此心。诸佛已觉，众生不知，今为未知者方便直指，以本具故，不虚以应得故，非谬故。

《华严经》颂云："譬如世间人，闻有宝藏处，以其可得故，心生大欢喜。""宝藏处"者，即众生心。才入信门，自然显现。方悟从来具足，岂假功成；始知本性无差，非因行得。可谓最灵之物，至道之原，绝妙之门，精实之义。为凡圣根本，作迷悟元由，如万物得地而发生，万行证理而成就。诸门竞入，众德攸归；作千圣趣道之基，为诸佛世之眼。是以若了自心，顿成佛慧。可谓会百川为一湿，搏众尘为一丸；融镮钏为一金，变酥酪为一味。

如《华严经》颂云："不能了自心，焉能知佛慧？"《阿差末经》云："但正自心，不尚余学。"《禅要经》

云："内照开解，即大乘门。见自心性，谓之曰'照'；众圣所游，谓之曰'门'。"

《入楞伽经》偈云："心具于法藏④，离无我见垢；世尊说诸行，内心所知法。"《月灯三昧经》偈云："若有受持是一法，能顺菩萨正修行；因此一法功德故，速得成于无上道。"

《胜鬘经》云："世尊，我见摄受正法，有斯大力。如来以此为眼，为法根本，为引导法，为通达法。"释曰：所言"正法"者，即第一义心也。心外妄计，理外别求，皆堕边邪，迷于正见。所以得为如来正眼，摄尽十方之际，照穷法界之边，总归一心，是名"摄受正法"。

《起信论》云："复次，真如自体相者，一切凡夫、声闻、缘觉、菩萨、诸佛，无有增减。非前际生，非后际灭，常恒究竟；从无始来，本性具足，一切功德。"谓大智慧光明义，遍照法界义，如实了知义，本性清净心义，常乐我净义，寂静不变自在义。如是等过恒沙数，非同非异，不思议佛法，无有断绝。依此义故，名"如来藏"，亦名"法身"⑤。

注释

①三十七品：即"三十七道品"，指通往觉悟、趋向

涅槃的三十七种途径。它们是：四念处、四正勤、四神足、五根、五力、七觉支、八正道。

②**五十二位**：指修行菩萨乘的阶位，共有五十二位。它们是：十信、十住、十行、十回向、十地、等觉、妙觉。天台宗、华严宗等采用此说。其他各宗所说并不一致。

③**大悲**：救度众生的苦难，使它们得到解脱。悲，拔除众生的痛苦。佛和菩萨具有广大的慈悲之心，所以称之为大悲。

④**法藏**：又名"佛法藏""如来藏"，指法性之理。因法性含藏无量性德，所以叫"法藏"。另外也指佛所说的教法，因教法含藏有多种意义，所以名之。

⑤**法身**：三种佛身之一，指佛的真身。意思是以佛法成身，或身具一切佛法。《大乘义章》卷十八，认为法身有两种含义，一者"显法本性以成其身"，二者"以一切诸功德法而成身"。就是说，由于体现诸法的本性才能成佛，所以要以法性名为法身；也由于修得一切功德才能成佛，所以要以功德法名为法身。因各派对"法性""功德"的解释有所不同，所以对"法身"的具体规定也有差别。

译文

问：佛的权宜方便教门，都依众生的根机而形成。因根机不等，佛法就有无数。有三十七种通往觉悟的途径和五十二个修行菩萨乘的阶位，为什么却说唯立一心，以为"宗镜"呢？

答：这一心法门，理和事圆满齐备，是大悲之父、般若之母、法宝之藏、万行之源。一切法界、十方诸佛、所有菩萨、缘觉、声闻、全部众生，都同具这一心。只是十方诸佛已经觉悟，而众生还不知罢了。现在要为未知的人以方便直指觉悟之路，这是因为，一心为众生本来具备，并非虚无，并非荒谬。

《华严经》偈颂说："好比世间的人们，听说有宝藏之处，因宝藏可以获取，内心欢喜万分。"所谓"宝藏处"，也就是众生之心。才入信解之门，众生心便自然显现。方醒悟此心从来具足，岂是借助于功用而成；才得知本性无有差别，并非因造作而得。这众生心，可说是最为灵奇之物、至理大道之源、绝对明妙之门、精细如实之义。它又是凡夫和圣人的根本，迷乱和觉悟的源头。如同万物因大地而生长发育，万行因证得真理而达成。这一心为诸多法门所竞入，又为众多功德所归趋；能作无数圣者趣向佛道的根基，成为诸佛出世的眼目。所以，倘若了达自心，顿时便成就佛的智慧。这可说是会归百川为一水，捏聚所有尘沫为一丸；销熔镮钏为一金，变化酥酪为一味。"

如《华严经》偈颂说："不能了达自己的心，怎么能知道佛的智慧？"《阿差末经》说："只要端正自己的心，不必崇尚其他学问。"《禅要经》说："向内领悟，了达佛法，便是大乘之门。发现自己的心性，称之为'照'；众多圣者所游之处，称之为'门'。"

《入楞伽经》偈颂说："心具足于如来藏，不离涅槃四德中的'我'；佛所说的一切造作，乃是内心所知的事物。"《月灯三昧经》偈颂说："若有人受持这一佛法，便能顺应菩萨端正修行；又因这一佛法的功德，可以迅速成就佛道。"

《胜鬘经》说："世尊，我见到摄取真正的道法，有如此巨大之威力。如来以此为眼，为佛法根本，为引导之法，为通达之法。"解释：所说的"真正的道法"，就是指至极真理之心。倘若心外另有迷妄计较，理外另有所求，都是偏于一边的邪见，缺乏正确的认识。所以要具有如来的正眼，摄取全部十方世界，以真如法界为对象，最终会归于一心，这就是摄取真正的道法。

《起信论》说："再者，真如自体之相状，对于所有凡夫俗子、声闻、缘觉、菩萨、佛来说，都不会有所增有所减。并非像具有生灭变化功能的事物那样，前后相续，前生而后灭，而是永恒地处于至极状态；从无始以来，它本性具足一切功德。"这就是所谓大智慧光明的意思，遍照法界的意思，如实了知的意思，本性清净心的意思，常乐我净的意思，寂静不变自在的意思。这样的无数意思，既不同又不异，不可思议的佛法便体现于其中。在上述意义上说，真如自体的心称作"如来藏"，也称作"法身"。

原典

问：上说真如离一切相，云何今说具足一切功德相？

答：虽实具有一切功德，然无差别相。彼一切法，皆同一味一真，离分别相无二性故。以依业识^①等生灭相，而立彼一切差别之相。此云何立？以一切法本来唯心，实无分别；以不觉故，分别心起，见有境界，名为"无明"。心性本净，无明不起；即于真如立大智慧光明义。若心生见境，则有不见之相；心性无见，则无不见，即于真如立遍照法界义。若心有动，则非真了知，非本性清净，非常乐我净，非寂静，是变异^②不自在，由是具起过于恒沙虚妄杂染。以心性无动故，即立真实了知义，乃至过于恒沙清净功德相义。

若心有起见，有余境可分别求，则于内法有所不足。以无边功德，即一心自性，不见有余法，而可更求。是故满足，过于恒沙，非一非异，不可思议。诸佛之法，无有断绝，故说真如，名如来藏，亦复名为如来法身。

然此"一心"，非同凡夫，妄认缘虑③。能推之心，决定执在色身之内。今遍十方世界，皆是妙明真心。如《入法界品》云："华藏世界海中无问，若山若河，大地虚空，草木丛林，尘毛等处，无不咸释真法界，具无边德。"故先德云："元亨利贞，'乾'之德也，始于一气；常乐我净，'佛'之德也，本乎一心。专一气而致柔，修一心而成道。""心"也者，冲虚妙粹，炳焕灵明；无去无来，冥通三际；非中非外，朗彻十方。

不灭不生，岂"四山"之可害；离性离相，奚"五色"之能盲。处生死流，骊珠独耀于沧海；踞涅槃岸，桂轮孤朗于碧天。大矣哉！万物资始也！万法虚伪，缘会而生；生法本无，一切唯识；识如幻梦，但是一心；心寂而知，目之"圆觉"④；弥满清净，中不容他。故德用无边，皆同一性；性起为相，境智历然；相得性融，身心廓尔；方之海印⑤，越彼太虚。恢恢焉，晃晃焉，迥出思议之表也。

又先德云："'如来藏'者，即'一心'之异名。"何谓"一心"？谓真妄染净，一切诸法，无二之性，故名为"一"；此无二处诸法中，实不同虚空，性自神解，故名为"心"。

先德云："欲知法要，心是十二部经之根本，入道要门。"此心门者，三世之佛祖。唯此一事实，余二即非真；唯有一乘法，无二亦无三。"一乘法"者，一心是。但守一心，即心真如门。一切诸法，无有欠少；一切法行，不出自心；唯心自知，更无别心。心无形色，无根无住，无生无灭，亦无觉观⑥可行。若有可观行者，即是受、想、行、识，非是本心，皆是有为功用。诸祖只是以心传心，达者印可，更无别法。

注释

①**业识**：有情众生生死流转的根本识，依根本无明而不觉心动。也就是"十二因缘"中的"识"支，指最初入胎之时的一念。

②**变异**：即"变易"。指形体状况发生变化，如同为他物所替代。特指变易生死；众生之身因未离变易，故"非自在"。

③**缘虑**：攀缘外境，思虑事物的意思。

④**圆觉**：意为圆满的灵觉，一切有情都有本觉、真

心，自无始以来，常住清净，昭昭不昧，了了常知。就体而言称为一心，就因而言称为如来藏，就果而言称为圆觉。

⑤海印：佛所得的三昧。如来的智慧，能鉴照一切事物，好比大海能印现万象。《修华严奥旨妄尽还源观》："言海印者，真如本觉也。妄尽心澄，万象齐现，犹如大海，因风起浪，若风止息，海水澄清，无象不现。"

⑥觉观：又译作"寻伺"。粗思名为觉，细思名为观，二者都是妨碍正定之心的因素。因此，根据是否有觉观便可判定心的浅深。

译文

问：前文说真如远离一切相状，现在又怎么说它具足一切功德相了呢？

答：虽说确实具有一切功德，但并无差别之相。因为一切功德理趣无二，远离虚妄，脱离分别之相，唯一真实本性。但依据有情众生，生死流转的根本"业识"所显示的生灭之相，而建立一切功德的差别之相。怎么建立呢？一切事物实际上没有分别，本来唯心，因为不曾觉悟，所以有分别之心生起，于是见到外部境界，这就叫作"无明"。其实心性本来清净，不起无明，从而于真如上建立大智慧光明的思想。若是心生分别，见到外境，同时也就有不见的相状；心性若无所见，则同时也无所不见，从而于真如上建立遍照法界的思想。

如果心有所活动，便不是真正的通达了知，不是本性清净，不是常乐我净，不是寂静，而是变易生死，并非自在，由此而生起无数虚妄杂念。因为心性没有活动，所以建立真实了知的思想，乃至无数清净功德相思想。倘若心有各种思虑推求，分别求取外界事物，那么对于佛法来说就有所不足。因为无边功德也就是一心自性，并非另有什么事物可以令人求取。所以一切圆满具足，多于恒河沙数，既非一也非异，不可思议。所有佛法，都是前后一贯。因此，真如就是如来藏，也称作如来法身。

然而，这里所说"一心"，并非像凡夫那样作虚妄认识、思虑外物。凡是能够加以推求的心，必然存在于由四大、五蕴所构成的身体内部。而遍满十方世界的，则全是妙明真心。如《入法界品》说："且不说在莲华藏世界的香水海中，就是山河、大地、虚空、草木、丛林、尘毛等处，也无不体现真法界，具足无量功德。"所以古代高僧说："元、亨、利、贞，是乾卦的四种品德，它们发端于气；常、乐、我、净，是佛的四种品德，它们本于一心。专于一气而达到柔弱，修炼一心而成就佛道。"
所谓"心"，它淡泊空虚、精妙纯粹，光璨灵明；它无去
无来，暗通三际；它非中非外，明亮地透彻十方。

它既不生又不灭，怎能为生、老、病、死这"四山"
所伤害；它离本性又离相状，怎能为青、黄、赤、白、
黑这"五色"所蒙蔽。虽处生死之中，骊珠却独自光耀
于四海；静坐于涅槃岸头，明光朗照于碧空。多伟大啊！
万物资取于它而开始生长！万物虚假不实，因缘相会而
生；所生事物本性是空，一切都归之于"识"；"识"好
比是梦幻，只有一心是实在的；心寂然而知，视之为圆
满灵觉；圆满的灵觉中只有清净，不容掺杂其他。所以，
德用无边，都出自同一性体；性生起而为相状，外境和
智慧历然分明；相状得性体而圆融，身心广大空阔；好
似海印三昧，超越浩瀚虚空。又宽广，又光明，远远超
越思议之外。

又有古代高僧说："如来藏，也就是一心的另一说
法。"为什么说"一心"？因为真妄、染净的一切事物，
都具同一之性，所以称作"一"；这同具一性的事物，实
际上又不等同于虚空，性自然神解，所以称之为"心"。

古代高僧说："要想知道佛法的要义，心便是十二部
经的根本，开启佛道的钥匙。"这一心门，是三世佛祖。
唯有这一心是真实的，其余全属虚妄；唯有一佛乘之法，

既无二也无三。所谓"一乘法"，就是一心。只要守住这一心，便是心真如门。一切事物，没有欠缺；一切现象的造作，不外乎自心；只有心自己知道，更没有别的心。心既没有形相，也没有颜色；既没有根基，也不会凝住不变；既没有生，也没有灭；也没有妨碍正定的思想活动产生。如果出现观察思惟活动，那是"五蕴"中的受、想、行、识等有为法的作用，而不是本心。禅宗历代祖师只是以心传心，达道的便给予印证、许可，此外便没有别的方法。

原典

问：一心为宗，可称纲要者，教中何故广谈诸道，各立经宗？

答：种种诸法虽多，但是一心所作，于一圣道，立无量名。如一火因然，得草火、木火，种种之号。犹一水就用，得或羹或酒，多多之名。此一心门，亦复如是；对小机而称小法，逗大量而号大乘。大小虽分，真性无隔。若决定执佛说有多法，即谤法轮，成两舌之过。故经云："心不离道，道不离心。"

如《大涅槃经》云："尔时，世尊赞迦叶菩萨，善哉善哉，善男子！汝今欲知菩萨大乘，微妙经典，所有秘密，故作是问。善男子！如是诸经，悉入'道谛'。善男子！如我先说，若有信道，如是信道，是信根本，是能佐助菩提之道。是故我说，无有错谬。善男子！如来善知无量方便，欲化众生，故作如是种种说法。

"善男子！譬如良医，识诸众生种种病原，随其所患而为合药，并药所禁。唯水一种，不在禁例。或服姜水，或甘草水，或细辛水，或黑石蜜水，或阿摩勒水，或尼婆罗水，或钵昼罗水；或服冷水，或服热水，或葡萄水，或安石榴水。善男子！如是良医，善知众生所患种种，药虽多禁，水不在例。如来亦尔，善知方便，于一法相，随诸众生，分别广说，种种名相。彼诸众生，随所说受，受已修习，除断烦恼。如彼病人，随良医教，所患得除。

"复次，善男子！如有一人，善解众语，在大众中。是诸大众，热渴所逼，咸发声言：'我欲饮水，我欲饮水。'是人即时，以清冷水，随其种类，说言是水，或言波尼，或言郁持，或言娑利蓝，或言婆利，或言波耶，或言甘露，或言牛乳，以如是等无量水名，为大众说。善男子！如来亦尔，以一圣道为诸声闻种种演说，从'信根'等至'八圣道'。

"复次，善男子！譬如金师，以一种金，随意造作种种璎珞，所谓钳锁、镮钏、钗镏、天冠、臂印。虽有如是差别不同，然不离金。善男子！如来亦尔，以一佛道，随诸众生种种分别，而为说之。或说一种，所谓诸佛，一道无二；复说二种，所谓定、慧；复说三种，谓见、慧、智；复说四种，所谓见道、修道、无学道、佛道。乃至复说二十道，所谓十力、四无所畏、大慈、大悲、念佛三昧、三正念处。善男子！是道一体，如来昔日为众生故，种种分别。

"复次，善男子！譬如一火，因所然故，得种种名。所谓木火、草火、糠火、麦火、牛马粪火。善男子！佛道亦尔，一而无二，为众生故，种种分别。

"复次，善男子！譬如一'识'，分别说六。若至于眼，则名眼识，乃至意识，亦复如是。善男子！道亦如是，一而无二。如来为化诸众生故，种种分别。"

又经云："佛言，三世诸佛所说之法，吾今四十九年不加一字。"故知此一心门，能成至道。若上根直入者，终不立余门；为中、下未入者，则权分诸道。是以祖佛同指，贤圣冥归，虽名异而体同，乃缘分而性合。《般若》唯言"无二"，《法华》但说"一乘"，《净名》无非"道场"，《涅槃》咸归"秘藏"。天台专劝"三观"，江西"举体全真"，马祖"即佛是心"，荷泽"直指知见"。

又教有二种说：一、显了说，二、秘密说。"显了说"者，如《楞伽》《密严》等经，《起信》《唯识》等论。"秘密说"者，各据经宗，立其异号。如《维摩经》

以"不思议"为宗,《金刚经》以"无住"①为宗,《华严经》以"法界"为宗,《涅槃经》以"佛性"为宗。任立千途,皆是一心之别义。何者?以真心妙体不在有无,智不能知,言不可及,非情识思量之境界,故号"不思议"。

体虚相寂,绝待灵通,现法界而无生,超三世而绝迹,故号之"无住"。竖彻三际,横亘十方,无有界量,边表不可得,故称"法界"。为万物之根由,作群生之元始,在凡不减,处圣非增,灵觉昭然,常如其体,故曰"佛性"。乃至或名"灵台妙性""宝藏神珠",悉是一心随缘别称。

注释

①无住:一切事物都处于因缘联系和生灭变化之中,不会凝住于自身不变的性质,而人的认识也就不应以固定的概念,当作事物固有的本质。大乘般若理论,据此而作为诸法性空的重要内容。在具体运用时,"无住"通常被视为一切现象的本源,相当于"真如""法性"。

译文

问:以一心为宗,可以说是简洁明了。既然如此,教说中又为什么广泛谈论佛道，又各自建立依某经而开的宗旨？

答：事物虽然多种多样，但皆为一心所造作，只是在圣者之道的基础上，建立无数的名目。如火，因所燃烧的东西不同，才有草火、木火等种种称呼。又如水，因所作用途有别，而有羹、酒等许多名称。这一心法门，也是这样。针对小根机，称作小法；适合众多者，称作大乘。虽有大小之分，但心性上没有区别。如果坚持要说佛说有多种法，便是诽谤法轮，犯了搬弄是非的错误。所以经中说："心不离佛道，佛道不离心。"

如《大涅槃经》说："这时，世尊称赞迦叶菩萨，善哉善哉，善男子！你现在想要知道菩萨大乘，微妙经典，所有秘密，所以有这种疑问。善男子！这样一些经典，都入四谛中的'道谛'。善男子！像我前面所说的，若有信仰佛法，要作这样的信仰，便是信仰佛法的根本，便是助成菩提之道。所以凡我所说的，没有错误之处。善男子！如来熟悉无数方便法门，用以化导众生，因此做了种种说法。

"善男子！譬如良医，识得众生的各种病因，根据各人所患疾病而开出药方以及各类禁忌。但只有水不在所禁范围，或姜水，或甘草水，或细辛水，或黑石蜜水，或阿摩勒水，或尼婆罗水，或钵昼罗水；或冷水，或热水，或葡萄水，或安石榴水，都可服用。善男子！这种良医，善于诊断众生所得的种种疾病，虽有食物方面许多禁忌，但水不在其中。如来也是这样，熟悉各种方便随宜，能根据众生的不同接受能力，于某一事物的相状而分别广泛宣说各种名词概念。而众生便随如来所说，加以接受并遵照修习，断除烦恼。好比病人，听从良医的劝导医治，所患疾病才获痊愈。

"再者，善男子！好比有人善于排解众人所说。这些人因身热口渴，都叫喊着'我要喝水，我要喝水'，于是，那人就以清冷之水，根据众人的不同特点，把它说成是波尼，或说成是郁持，或说成是娑利蓝，或说成是婆利，或说成是波耶，或说成是甘露，或说成是牛乳。他就以这样无数水的名称向大众分别解说。善男子！如来也是这样，以一种佛法向声闻弟子们作各种演说，从信根一直说到八圣道。

"再者，善男子！好比金匠，他能用一种金，随意打制成种种璎珞。所谓钳锁、镮钏、钗镏、天冠、臂印。虽有这些名目上的差别，但都不离开金。善男子！如来也是这样，以同一佛法，根据众生的不同情况，分别为之说法。或说一种，所谓诸佛一实之道；或说二种，所谓定、慧；或说三种，所谓见、慧、智；或说四种，所谓见道、修道、无学道、佛道。乃至又说二十道，所谓十力、四无所畏、大慈、大悲、念佛三昧、三正念处。善男子！上述说法一体不二，如来当时为了众生，所以要作种种分别之说。

"再者，善男子！比如火，因所燃烧的东西不同，所以有种种名称。所谓木火、草火、糠火、麦火、牛马粪火等。善男子！佛道也是这样，唯一无二，只是为了众生，才作种种分别。

"再则，善男子！比如一种'识'，分别而说为'六识'；在眼而名为眼识，乃至意识。善男子！佛道也是这样，唯一无二。如来为了化导众生，因而有种种分别之说。"

又经中说："佛说，三世诸佛所说的法，四十九年来我未曾增添一字。"由此可以明白，这一心法门能达成至极佛道。若是上等根机能直入佛道的，终究不需另立法门；为中、下根机未入佛道的，则权宜区别对待。所以，祖师与诸佛同一指向，贤者与圣者默契归趋，虽然名义不同，但本体一个，表明因缘有别而本性合一。《般若》只说无二，《法华》只说一乘，《净名》无非论述得道修行，《涅槃》全归愚者无法领会的"秘藏"。天台宗专劝"一心三观"，洪州禅提倡"举体全真"，马祖道一标示"即佛是心"，荷泽宗强调"直指知见"。

此外，教说有两种：一是"显了"说，二是"秘密"说。"显了说"，比如《楞伽》《密严》等经，《起信》《唯识》等论。"秘密说"，则各自依据所宗经典，各立名号。如《维摩经》以"不思议"为宗旨，《金刚经》以"无住"为宗旨，《华严经》以"法界"为宗旨，《涅槃经》以"佛性"为宗旨。不管立多少宗旨，都是一心的另外说法。为什么？因为真心妙体既不是有也不是无，般若智慧不能以世俗之知了知，也不能用语言来描述，它不是情识思量的境界，所以说"不思议"。

本体虚无，相状寂然，超越对待而灵通自在，显现法界而无生无灭，超越三世而没有踪迹，所以说"无住"。竖彻三界，横亘十方，没有界量，远近都不可得，所以称"法界"。成为万物的根源，作为众生的发端，在凡人并不减损，于圣者并不增添，灵知本觉昭然，唯常如其本体，所以叫作"佛性"。乃至或者称之为"灵台妙性""宝藏神珠"，都是一心随顺机缘的别称。

卷六

原典

夫《宗镜》本怀，但论其道；设备陈文，义为广被群机。同此指南，终无别旨。窃不可依文失其宗趣。若悟其道，则可以承绍，可以传衣。如有人问南泉和尚云："黄梅门下有五百人，为甚么卢行者独得衣钵?"师云："只为四百九十九人皆解佛法，只有卢行者一人不解佛法，只会其道，所以得衣钵。"

问：只如道如何会?

答：如本师云，如来道场，所得法者，是法非法，亦非非法。我于此法，智不能行，目不能见；无有行处，慧所不通；明不能了，问无有答。又古人云："此事似空不空，似有不有，隐隐常见，只是求其处所不可得。"是以若定空，则归断见；若实有，则落常情；若有处所，则成其境。故知此事，非心所测，非智所知。

如香严和尚颂云："拟议前后，安置中边①，不得一法，没溺深泉。"都不如是，"我""我"②现前，十方学者，如何参禅？若道如是，岂可会耶！所以古人云："直须妙会始得。"斯乃不会之会，妙契其中矣。

故先圣"悟道颂"云："有无去来心永息，内外中间都总无；欲见如来真佛处，但看石羊生得驹。"如此妙达之后，道尚不存，岂可更论知解、会不会之妄想乎？如古德偈云："劝君学道莫贪求，万事无心道合头；无心始体无心道，体得无心道也休。"

先洞山和尚偈云："者个犹不是，况复张三李；真空与非空，将来不相似；了了如目前，不容毫发拟。"只如云"者个犹不是"，岂况诸余狂机谬解。所以经云："心不系道，亦不结业③。道尚不系，降兹可知。"入《宗镜》中，自然冥合。

注释

①**中边**：指中道和边见。"中道"，指脱离两边（两

个极端）不偏不倚的道路或观点、方法。大小乘佛学对它的解释虽不尽相同，但都认为它是佛教的最高真理。"边见"即边执见，指执着片面极端的见解。有两种：一为"常见"，认为"我"常住不变；二为"断见"，认为"我"可以不受果报。

②**我、我**：指"我""我所"。"我"，指自身；"我所"，指身外事物为我所有。《大智度论》卷三十一："我是一切诸烦恼根本。先着五众（五蕴之身）为我，然后着外物为我所。"

③**结业**：结，指烦恼、惑；由烦恼、惑而引起的善恶思想行为，称之为业。

译文

《宗镜录》的本意，旨在阐明佛法；以大量篇幅陈述道理，主要是为了使各类根机的人都能领会，目的只有一个，那就是成就佛道，没有别的意思。因此，我以为不应当执着文句而丢弃了宗旨。倘若悟得佛法，便可以继承，可以传授衣钵。如有人问南泉普愿和尚："弘忍门下有五百弟子，为什么只有惠能得授衣钵？"和尚答道："因为那四百九十九人都能知解佛法，只有惠能不能知解佛法，而直下领会佛法的本质，所以他得了衣钵。"

问：那么，怎样才能领会佛法本质呢？

答：正如释迦牟尼佛所说，如来道场所得的佛法，这佛法既非佛法，也不是非佛法。我对于这一佛法，智慧不能涉及，眼睛不能见到；没有作用之处，智慧难以通达；学问不能了知，发问不见有答。又古人说："这件事，看似空其实不空，看似有其实没有，隐约常见，只是真的要求其处所却又不可得。"所以，若一定要说是空，则归于断见；若一定要说是实有，则又落入常情；若说它有处所，则等于承认它是外境。因而可知，这件事，并非自心所能猜度，也非智慧所能了知。

如香严智闲禅师的偈颂说："或是前后拟议，或是安置中道、边见，都不能获取佛法，反而没溺深泉。"若上述两者都不取，那么就突现出"我""我所"，这样的话，叫十方学者又如何参禅呢？如此这般，怎么能够领会呢？所以古人说："需要直接妙会才行。"这就是所谓不会之会，达到妙契。

所以古代圣者的"悟道颂"说："有无去来心永息，内外中间都是无；想见如来真佛处，待到石羊生马驹。"如此妙达之后，佛道尚且不复存在，更还谈论什么知解啦、会不会啦之类！如古代高僧的偈颂说："劝君学道不要贪求，万事无心方能合道；无心能体验无心之道，体验到无心道也罢休。"

过去洞山良价和尚有偈颂说:"这个尚且不是,何况张三李四;真空与非空,说起来并不相似;毕竟如在眼前,不容丝毫拟议。"就这里所说的"这个尚且不是",还用得到说什么随意作解吗?所以佛经上说:"心既不拴缚佛道,也不引发善恶之业。佛道尚且不为拴缚,其余就可想而知了。"这一思想,与《宗镜录》所说,自然暗合。

原典

问:觉体不迁,假名有异;凡圣既等,众生何不觉知?若言不迷,教中云何说有迷悟?

答:只因为本觉①真心而起不觉,因不觉故成始觉②。如因地而倒,因方故迷;又因地而起,因方故悟。则觉时虽悟,悟处常空;不觉似迷,迷时本寂。是以迷悟一际,情想自分;为有虚妄之心,还施虚妄之药。

经云:"佛言,我说三乘十二分教,如空拳诳小儿;是事不知,号曰'无明'。"祖师偈云:"如来一切法,除我一切心;我无一切心,何须一切法!"故知,己眼若开,真明自发;所治之迷悟见病既亡,能治之权实法药自废。夫悟此法者,非假他智与异术也。或直见者,如开藏取宝,剖蚌得珠,光发襟怀,影含法界。

《起信论》云:"心生灭门者,谓依如来藏有生灭心;转不生灭,与生灭和合,非一非异,名'阿赖耶识'。有二种义,谓能摄一切法,能生一切法。复有二种义,一者'觉义',二者'不觉义'。言'觉义'者,谓心第一义,性离一切妄念相。离一切妄念相故,等虚空界,无所不遍。

"法界一相,即是一切如来平等法身。依此法身,说一切如来为本觉。以待始觉,立为本觉。然始觉时即是本觉,无别觉起。立始觉者,谓依本觉有不觉,依不觉故说有始觉。"

注释

①**本觉**:指先天固有的觉悟。众生心体,本来离妄念而灵明虚廓,等于虚空界,无处不遍,便是如来平等法身。众生因具本觉,所以等同于佛;成佛就在于发现本觉。

②**始觉**:指通过后天之修习,渐次断破无始以来之妄染,而觉知先天之心源,称为始觉,亦即发心修行,次第生起断惑之智,断破无明,归返本觉清净之体性。盖大乘认为人心本来寂静不动,无生无灭而清净无染,称为本觉;后由无明风动,产生世俗之意识活动,从而

有世间种种差别，此称不觉；及至受闻佛法，启发本觉，熏习不觉，并与本觉融合为一，即称始觉。

译文

问：本觉之体并不变易，只是借助名词概念而有不同；凡夫与圣者既然相等，众生为什么不觉知呢？如果说众生本来不迷妄，那教典中又为什么说有迷、悟之分呢？

答：这只是因为由本觉真心而起不觉，由不觉而成始觉。如人因地而倒下，因方而迷向；又因地而站起，因方而醒悟。那么，觉醒时虽悟，所悟之处常空；不觉时似乎迷妄，迷妄时本来空寂。所以，迷与悟通融一际，因情想而自作分别；正因为有虚妄之心，才要给予医治虚妄的药。

经中说："佛说，我以为三乘十二分教，好比空拳诳骗小孩；不懂得这一点，便称作'无明'。"祖师有一偈颂说："如来所说一切佛法，都为除却我的一切心；既然我并无一切心，那又何必要一切佛法？"所以，要知道，自己的眼睛若是睁开着，自然会发出真实的光明智慧；所治的迷、悟等错误认识一旦消歇，能治的权、实等佛法之药自然就废弃。悟得这一佛法，并不需要借助于他人的智慧或异术。有直下悟得者，好比打开库藏取出宝物，剖开蚌壳获得珍珠，其光明发于襟怀，其影像含容法界。

《起信论》说："所谓'心生灭门'，指依如来藏而有生灭之心；这生灭之心依因缘而生起不生不灭；这不生不灭与生灭和合，既非一也非异，便称作'阿赖耶识'。这阿赖耶识有两种含义，一是能摄持一切现象；二是能产生一切现象。除此，还有两种含义，一是觉悟，二是不觉悟。说觉悟，是说心为至极真理，性远离一切妄念所生的事物。因为它离开一切妄念所生的事物，所以等同于虚空界，无所不遍。

"法界唯有一种相状，那就是一切如来平等法身。依据这一法身，说一切如来是本来觉悟。有待于逐渐觉悟，因而立本来觉悟。然而，逐渐觉悟时也就是本来觉悟，再没有他种觉悟。建立'始觉'，是因为依'本觉'而有不觉，依不觉而说有'始觉'。"

原典

问：立"心"为宗，以何为趣？

答：以信行得果为趣。是以先立大宗，后为归趣。故云，语之所尚曰"宗"，宗之所归曰"趣"。遂得断深疑，起圆信，生正解，成真修，圆满菩提，究竟常果。又唯识性具摄教、理、行、果四法。心能诠者，教也；心所诠者，理也；心能成者，行也；心所成者，果也。

译文

问：既立"心"为宗旨，又以什么为归趣呢？

答：以遵信言教而行，获得果位为归趣。故先立根本宗旨，然后论及归趣。所以说，言语之所崇尚称之为"宗"，宗旨之所归称之为"趣"。由此而断除疑惑，生起圆信，产生正解，完成真修，圆满菩提，究竟恒常之果。此外，唯识性摄持教、理、行、果四种佛法。心能诠释，这是教法；心所诠释的，是为理法；心能成就佛道，这是行法；心所成就的，是为果法。

原典

问：以"心"为宗，禅门正脉；且"心"是名，以何为体？

答：近代以来，今时学者，多执文背旨，昧体认名。认名忘体之人，岂穷实地？徇文迷旨之者，何契道原？则"心"是名，以"知"为体。此是灵知，性自神解。不同妄识，仗缘托境，作意而知；又不同太虚空廓，断灭无知。

故《肇论》云"般若无知"者，无有取相之知也。常人皆谓般若是"智"，"智"则有知也。若有知，则有取着；若有取着，则不契"无生"。今明般若真智，无相无缘，虽鉴真谛①，而不取相，故云"无知"也。故经云："圣心无知，无所不知矣。"又经云："真般若者，清净如虚空，无知无见，无作无缘。"斯则"知"自无知矣，岂待返照，然后无知者哉！

只此"知"性，自无知矣，不待忘也。以此真知，不落有无之境，是以诸佛有秘密之教，祖师有默传密付之宗。唯亲省而相应，非言诠之表示。若明宗之者，了然不昧，寂尔常知。昭昭而溢目腾辉，何假神通之显现？晃晃而无尘不透，岂劳妙辩之敷扬？为不达者，垂方便门；令依此"知"，无幽不尽。

注释

①**真谛**：谛，指真实不虚的道理；真谛，又名"胜义谛""第一义谛"，是最为真实的真理。相对于真谛的是"俗谛"，又名"世谛""世俗谛"，是指世俗以为正确的道理。佛教各派对上述二谛所下定义不尽相同。

译文

问：以"心"为宗旨，这是禅宗正脉；然而，"心"只是名词概念，它以什么为体呢？

答：近时代以来的那些佛教学者，他们多半执着文句而违背宗旨，昧于实质而专认名词概念。凡是昧于实质而专认名言的人，怎么能穷达根本？凡是曲从文句而不明宗旨的人，又怎么能契合佛道？因此，"心"是名言，以"知"为其体。这"知"是一种灵知，其本性自能神解一切。它不同于虚妄情识，凭借众缘、依托外境，使心惊觉而知；也不同于太虚空廓，存断灭之见而无知。

所以《肇论》说，所谓"般若无知"，是指它没有执取事相的知识。一般人都说般若是智慧，有智慧就有知识。如果有知识，就会有取着；如果有取着，就不能契合实相。如今辨明般若真智，既无事相又无攀缘，虽然鉴照佛教真理，但并不取着形相，所以说般若"无知"。为此，经中说："圣者之心无知，却又无所不知。"又有经说："真正的般若，清净犹如虚空。既无知识又无见解，既无造作又无攀缘。"这样，"知"也就是无知了，何必要等待返照，然后才无知啊！

这"知"的本性，它自己已是无知，并非需要有待于忘却知识。因为般若真知，不落有、无两边，所以诸佛有秘密言教，祖师有默传密付宗旨。这默传密付之宗，只有亲自内省才能契合，并非语言文字所能说明。倘若明白了宗旨，那他就了然不昧，寂然常知。好比阳光普照而满目光辉，不需要借助于神通的显示；又好比灿烂的光华四射而透过一切现象，不需要借助于巧妙言辞的宣传。为尚未了达佛法的人，指示方便之门；令他依据刚才所说的这一"知"字去修习，必然能透脱佛法，成就佛道。

原典

问：诸法所生，唯心所现者，为复从心而变，为复即心自性？

答：是心本性，非但心变。《华严经》云："知一切法即心自性，成就慧身，不由他悟。"《法华经》偈云："三千世界①中，一切诸群萌②；天、人、阿修罗，地狱、鬼、畜生；如是诸色像③，皆于身中现。"即知心性遍一切处，所以"四生""九类"④，皆于自性身中现。以自真心为一切万有之性故，随为色空，周遍法界；循业发现，果报不同。处异生则业海浮沉，生死相续；在诸圣则法身圆满，妙用无穷。隐显虽殊，一性不动。

注释

①**三千世界**：又名"大千世界""三千大千世界"。据《长阿含经》卷十八等，以须弥山为中心，以铁围山为外廓，同一日月所照的四天下为一"小世界"；一千"小世界"为一"小千世界"；一千"小千世界"为一"中千世界"；一千"中千世界"为一"大千世界"。这样，"大千世界"中包含小、中、大三种"千世界"，所以名"三千世界"。

②**群萌**：即指群生、众生。萌，草木发芽之初的冥昧状态；以此比喻众生的盲昧无知，有待开化。《无量寿经》卷上："光阐道教，欲拯群萌。"

③**色像**：指色身的相貌表现于外部，可以见到。色身，三种身之一，由四大、五蕴等色法构成。

④**四生、九类**：四生，指六道（天、人、阿修罗、畜生、饿鬼、地狱）众生的四种形态：卵生，指从卵壳而生，如鸡、雀等；胎生，指从母胎而生，如人等；湿生，指从湿气而生，如蚊、蝇等；化生，指无所依托而借业力显现，如诸天神、饿鬼等。九类，则在以上四生上加入有色、无色、有想、无想、非有想非无想诸天。

译文

问：所谓一切现象只是"心"的显现而已，请问这是指由心所变现，还是心就是自性？

答：这是心的本性所决定，并非由心再去变现。《华严经》上说："了悟到一切现象只是即心自性，便能成就无漏智慧之身，不必依赖别的而觉悟。"《法华经》偈颂说："三千大千世界之中，一切盲昧无知众生；天、人、阿修罗，地狱、饿鬼、畜生；所有这些色身的相貌，都显现于自己的身上。"由此可知，心性遍于一切处所，"四生""九类"也都于自性中显现。因为以自己的真心作为世界一切现象的本性，所以一切事物当体即空，法身的功德遍及于无边的法界；又因依照各自的业力表现不同，所以众生的果报也就并不一致。处凡夫之位则业海浮沉，生死相续；在圣者之位则法身圆满，妙用无穷。虽然这里有隐蔽和显著的差别，但本性同一，未曾变动。

卷十七

原典

问：夫成佛门，若论"修善"，则有前后；若是"性善"，本一心平等。诸佛既有性恶，阐提①亦有性善。既同一性，俱合成佛，云何阐提不成佛耶？

答：若言性佛，何人不等；若约修成，阐提未具。台教问："阐提与佛，断何等善恶？"答："阐提断修善尽，但性善在；佛断修恶尽，但性恶在。"

①**阐提**：即"一阐提"。意思是"不具信"或"断善根"，指那些断绝了一切善根的人。《大涅槃经》卷五："一阐提者，断灭一切诸善根本，心不攀缘一切善法。"对阐提是否具有佛性，能否成佛，佛教内部有长期的争论，并不统一。

译文

问：关于成佛的法门，若是说修习善行，则有先后之分；若是说"性善"，则根据一心平等原理。一切佛既然有性恶，善根断尽的人，即阐提也有性善。既然在"性"上同一，都应当能够成佛，为什么却说善根断尽的人不能成佛呢？

答：若说到成佛之性，谁都一样；但是就修习而成佛方面说，那么，善根断尽的人未曾具备。天台宗的教门问道："阐提与佛，断绝什么性质的善和恶？"回答是："阐提完全断除了修习善行，但性善还在；佛则完全断除了修习恶行，但性恶还在。"

问：阐提不断性善，还能令修善起；佛不断性恶，还令修恶起耶？

答：阐提不达性善，以不达故，还为善所染；修善得起，广治诸恶。佛虽不断性恶，而能达于恶；以达恶故，于恶得自在故，不为恶所染；修恶不得起故，佛永无复恶；以自在故，广用诸恶法门，化度众生。终日用之，终日不染；不染故不起，那得以阐提为例耶？

若阐提能达此善恶，则不复名为一阐提也。若依他人，明阐提断善尽，为阿赖耶识所熏，更能起善。阿赖耶即是无记无明①，善恶依持，为一切种子。阐提不断无记无明，故还生善；佛断无记无明尽，无所可熏，故恶不复还生。若欲以恶化物，但作神通变现，度众生耳。

注释

①**无记无明**：意为不可加以断定的无明。无记，指非善非不善，不可加以断定和判断。无明，系"十二因缘"之一，也是"三毒"之一，意为无智、愚昧。

译文

问：阐提既然不曾断绝本性之善，还能教他们修习善行吗？佛既然没有断绝本性之恶，还能使他们修习恶行吗？

答：阐提不明白本性之善，正因为这种不明白，所以还能为性善所熏染；因而假如能进而转为修善，便可广泛对治一切恶行。佛虽然没有断绝性恶，但已能了达本性之恶；正因为了达本性之恶，所以能对一切恶应付自如，不为性恶所染着；由于佛不会转而修习恶行，因而佛也就永远不会再为恶；又由于佛通达无碍，因此能广泛运用诸恶法门，化度众生。虽终日运用诸恶法门，却终日不受染着；正因不为所染，所以不起恶行，这怎能与阐提相提并论呢？

如果阐提也能像佛一样，了达这种善和恶，那么，阐提也就不再名为阐提了。若是依据他人所说，得知阐提完全断绝善行，但为阿赖耶识熏习，还能生起善行。阿赖耶识是不可断定的愚昧，为善恶所依持，藏有各种不同性质的种子。阐提不能断绝这难以判别的愚昧，所以还会生起善行；而佛则完全断绝了这难以判定的愚昧，再没有什么可以熏习的了，因此恶行也就不会再度生起。

如果佛要以恶行来进行化导，那么他就得以神通之力作种种变现，以普度众生。

原典

问：若佛地断恶尽，作神通以恶化物者，此"作意"①方能起恶，如人画诸色像，非是任运。如明镜不动，色像自形，可是不思议，理能应恶。若作意者，与外道②何异？

答：今明阐提不断性德之善，遇缘善发；佛亦不断性恶，机缘所激，慈力所熏，入阿鼻③，同一切恶，事化众生。以有性恶，故名"不断"；无复修恶，名"不常"。若修、性俱尽，则是"断"，不得为"不断不常"。阐提亦尔，性善不断，还生善根；如来性恶不断，还能起恶。而是解心，无染通达；恶际即是实际④，能以五逆⑤相而得解脱。亦不缚不脱，行非道而通佛道。阐提染而不达，与此为异也。

何谓不达？以不了"无性"⑥故。是以善恶诸法，皆以"无性"为性。此性即是佛性，即无住本，即法性。故此善恶性，不可断也。即今推自心性，不可得。即无住处，能遍一切处，即善恶性也。性无善恶，能生善恶；善恶可断，性不可断。善恶同以心性为性；若断性恶，则断心性。性不可断，所以阐提不断性善；纵堕"三涂"，性善不减，性恶不增。直至成佛，性善不增，性恶不减。

此性即法身也，犹如明镜，本无好丑众像，能现一切好丑众像。像有增减，明净光体不增不减也。镜本无像，故能现像；佛性无善恶，能现善恶。众生不得性，但得善恶，为善恶所拘，不得自在也。性善不坏故，地狱发佛界善；性恶不坏故，佛能现"六趣"⑦恶。

又"性"者，即是善恶等诸法之性。遍十方三世、众生国土等一切处。无有变异，不增不减，能现善恶。凡圣、垢净、因果等，从性而起。故云性善性恶。若善恶等，即无定相；随缘构习，如镜中像，无体可得。若遇净缘，即善；若因染缘，即恶。从修而得，故名修善、修恶。

若论性善，不唯阐提；若论性恶，不唯诸佛。以是善恶诸法之性故，即一切众生皆悉具有，一际平等。若觉了此性，即便成佛，故能示圣现凡，自在无碍。

若论修善、修恶，于上、中、下根即不可定。随修成之厚薄，任力量之浅深，得世间报而"六趣"升沉，成出世果而"四圣"⑧高下。以不了善恶之性，故为善恶业之所拘而不自在。若见性达道，何道不成！则法法标宗，尘尘契旨，岂唯善、恶二法而得自在耶？

注释

①**作意**：指使心惊觉以引起活动的精神作用。《俱舍论》卷四："作意，谓能令心惊觉。"

②**外道**：指佛教以外的其他宗教派别。外道的种类，各说不一，主要指释迦牟尼佛在世时的六师外道和九十六种外道。

③**阿鼻**：阿鼻地狱的简称。意译作"无间地狱"。为八大地狱的第八狱。凡堕入其间者，将"受苦无间"。据说是为造"十不善业"的众生而设立的。

④**实际**：指真如法性。因为真如法性为一切际的至极，最为真实。《大乘义章》卷一："实际者，理体不虚，目之为实；实之畔齐，故称为际。"

⑤**五逆**：又名"五无间业"。指感应无间地狱苦果的恶业。有三乘相通的五逆，也有大乘另立的五逆等区分。

⑥**无性**：性，即体；无性，即指一切事物并无实体。

⑦**六趣**：根据生前的各种善恶言行，众生有六种轮回转生的趋向。它们是：天（三界诸天）、人、阿修罗（非天）、饿鬼、畜生、地狱。

⑧**四圣**：指"十界"中的声闻、缘觉、菩萨、佛四界。他们属于已获解脱的"圣者"，所以名"四圣"。而

天、人、阿修罗、畜生、饿鬼、地狱则称为十界中的
"六凡"。

译文

问：倘若佛完全断绝恶行，变现神通以恶行化导众生，那么，这需要"作意"方能生起恶行，好比画师画各类事物的相貌，并非是自由任运。如明镜未曾动，而事物的相貌自己反映了出来，这真是不可思议，说明它本来就能应现恶。如果需要使心惊觉以引起活动，那就与其他宗教派别又有什么区分呢？

答：现在要说明的是，阐提并不断绝性德的善，一旦遇到机缘，这性善就要表现；而佛也并不断绝性德的恶，因机缘的激发以及慈悲之力的熏习，入阿鼻地狱，同于一切恶，以化导众生。因为有性恶，所以叫"不断"；但又不再修恶，所以又叫"不常"。如果修恶和性恶都没有了，那便是"断"，而不能说是"不断不常"。阐提也是这样，因为性德之善不断，所以还能生长善根；而如来因性德之恶不断，所以也还会生起恶。若能这样来理解"心"，就能无所染着，通达无碍；恶也就等同于真如法性，即使作五无间业也能获得解脱。也可以说是未曾束缚未曾解脱，其语言行为违反正道却通达佛道。

一阐提人却染着而不能通达，这样就不同于刚才所说的了。

那么，什么又叫不通达呢？因为不懂得"无性"，即一切事物没有实体这一原理。为此，善、恶等一切现象，都要以"无性"为其性体。这性体就是佛性，就是"无住"之本，也就是"法性"。所以，这善、恶的性体，不可以断绝。现在要是推求自己的心性，却无法得到。在心性的"无住"之处，能够遍满一切处所，这便是善、恶性体。所以，性体无所谓善恶，但它能生起善恶，善恶可以断，但性体不可断。善和恶都以心性为性体；如果说要断绝性恶，那等于是断绝心性。性体不可断绝，所以阐提不断本性之善；纵然堕入地狱、饿鬼、畜生，本性之善未曾减少，本性之恶也未曾增加。直到成佛，始终性善不增，性恶不减。

这个"性"就是法身，它好比明镜，自身并无美、丑等各种相状，但能映现出所有美、丑形相。相貌有所增减，但明镜的洁净光亮体性并无丝毫增减。明镜本身没有相状，所以能映现形相；佛性本无善恶，却能示现为善恶。众生未能了达性体，只是得了善、恶之功用，他们被善、恶现象所约束，所以得不到自由。正因为性善不受损害，所以地狱也能生发佛界之善；也正因为性恶不受损害，所以佛也会显现六道之恶。

再则，所谓"性"，就是善恶等一切现象的性体。它遍满十方三世、众生国土等一切处所。它没有变异，也不增不减，但能显示具体的善恶现象。所有凡与圣、垢与净、因与果等，都由性体而起。因而说是性善、性恶。倘若善与恶平等一如，便没有常住不变的形相；只是随顺机缘而遭遇习气，好比镜中之像，并无实体。如果遇到净的机缘，便是善；如果遇到染的机缘，便是恶。因为善恶都是通过修习而获得的，所以叫作修善修恶。

　　若说到性善，不只是阐提的事；若说到性恶，也不只是诸佛的事。从这种一切善恶的性体上说，所有众生都具备，平等一如。倘若觉悟到这一性体，即刻能够成佛，能够随意显现为圣者或凡夫，自在无碍。

　　倘若说修善或修恶，则因有上、中、下等根机不一，故无法确定。那要根据修行的诚意，用力的深浅，或获世间的果报而于六道中流转轮回，或获出世间的果报而上下于"四圣"。众生因不了达善恶的性体，故而总是为善恶之业所束缚，失去自由。一旦明见心性，了达佛道，那么还有什么样的真理不能获得？到那时，一切事物都标示宗旨，一切外境都契合旨意，决不仅仅善、恶两种现象得到自在。

卷二十五

原典

问：如上所说"即心即佛"之旨，西天此土，祖佛同诠，理事分明，如同眼见。云何又说"非心非佛"？

答："即心即佛"是其表诠[①]，直表示其事，令亲证自心，了了见性。若"非心非佛"，是其遮诠[②]，即护过遮非，去疑破执，夺下情见，依通意解。妄认之者，以心、佛俱不可得故，是以云"非心非佛"。此乃拂下能心，权立顿教，"泯绝无寄"[③]之门；言语道断，心行处灭。故亦是一机入路。

若圆教即此情尽，体露④之法，有遮有表，非即非离；体用相收，理事无碍。今时学者，既无智眼，又阙多闻；偏重遮非之词，不见圆常之理。奴郎莫辩，真伪何分。如弃海存沤，遗金拾砾，掬泡作宝，执石为珠。所以经云：譬如痴贼弃舍金宝，担负瓦砾，此之谓也。今当纂集，正为于兹。

且心之与佛，皆世间之名；是之与非，乃分别之见；空论妄想，曷得真归！所以祖师云：若言"是心是佛"，如牛有角；若言"非心非佛"，如兔无角。并是对待，强名边事。若因名召体，豁悟本心，证自真如，分明无惑者，终不认名滞体，起有得心。去、取全亡，是、非顿息。亦不一向离之，妄起绝言之见；亦不一向即之，布堕执指之讥。如《华严论》云："滞名即名立，废说即言生，并是背觉合尘，舍己徇物。"若实亲省现证自宗，尚无能证之智心及所证之妙理，岂况更存能知能解、有得有趣之妄想乎！

近代或有滥参禅门，不得旨者，相承不信"即心即佛"之言，判为是教乘所说，未得幽玄；我自有宗门向上事⑤在，唯重"非心非佛"之说。并是指鹿作马，期悟遭迷，执影是真，以病为法。只要门风紧峻，问答尖新。发狂慧而守痴禅，迷方便而违宗旨。立格量而据道理，犹入假之金；存规矩而定边隅，如添水之乳。一向于言语上取办，意根下依通，都为能、所⑥未亡，名相不破。若实见性，心境自虚，匿迹韬光，潜行密用。

是以全不悟道，唯逐妄轮回；起"法""我"见，而轻忽上流；恃错知解，而摧残末学。毁金口所说之正典，拨圆因⑦助道之修行；斥二乘之菩提，灭人、天之善种。但欲作探玄上士，效无碍无修，不知返堕无知，成"空见"外道。唯观影迹，莫究圆常，积见不休，徒自疲极。

注释

①**表诠**：与"遮诠"一起构成语言的表达方式。表诠，指从正面作肯定的表述，显示对象自身的属性。

②**遮诠**：指从反面作否定的表述，排除对象不具有的属性。

③**泯绝无寄**：意谓一切现象都属虚妄，心无所寄托。这是禅宗中某些派系的重要思想。宗密《禅源诸诠集都序》卷二："泯绝无寄宗者，说凡圣等法皆如梦幻，都无所有，本来空寂，非今始无。即此达无之智，亦不可得。平等法界，无佛无众生。法界亦是假名。心既不有，谁言法界？无修不修，无佛不佛。设有一法胜过涅槃，我说亦如梦幻。无法可拘，无佛可作；凡有所作，皆是迷妄。如此了达本来无事，心无所寄，方免颠倒，始名解

脱。石头、牛头，下至径山，皆示此理。"

④**体露**：指现象完全显现，并通过显现的现象而揭示其本质。《古尊宿语录》卷一："灵光独耀，迥脱根尘；体露真常，不拘文字；心性无染，本自圆成；但离妄缘，即如如佛。"

⑤**向上事**：或说"向上一路"。自末而进入本，叫作"向上"。宗门的至极，达到彻悟，名"向上事"或"向上一路"。这是禅宗用于区别其他宗派的说法。

⑥**能、所**：能，为能动，具有主动性；所，为被动，受能的作用。能所是相互对待的两个概念。

⑦**圆因**：指以大乘圆教为因。圆，圆满具足。依圆因而修行所得的果，称作圆果。《法华玄义》卷四："大乘是圆因，涅槃是圆果。"

译文

问：上面说到"即心即佛"这一宗旨，西天和中土的祖师与诸佛都有同样的解释，可以说理事分明，如同亲眼见到。那么又为什么还要说"非心非佛"呢？

答："即心即佛"的说法是从正面作肯定的表述，直接显示对象自身的属性，教人亲自证取自心，毕竟明心见性。而"非心非佛"的说法，是从反面作否定的表述，排除对象不具有的属性。"非心非佛"就是要除去疑惑，破除执着，夺下妄情之所见，因神通之力而获得悟解。对此有错误见解的人，便以为心和佛都不可得，所以要说"非心非佛"。这是违背能动之心，权宜建立顿教，弘扬"泯绝无寄"法门；以为无上妙谛，非言语所能表达，也非心的刹那活动所能思念。所以这也是因一类机缘而入门。

倘若是圆教，就全然没有这种情况。按圆教，则注意由现象而表达真实，既有否定表述也有肯定表述，既非相即也非相离；体用相互收取，理事无碍统一。可是如今的求道者，既没有智慧，又少见寡闻；偏重于否定的词句，看不到圆常的道理。既辨不出主子和奴才，又怎能分出真实和虚假呢？这就好比抛弃大海而欣赏浮沤，丢掉金子而拾拣瓦砾，双手捧起泡沫当作宝贝，拣取石头当作珍珠。所以经上说，譬如有愚痴的窃贼，舍弃金银财宝不拿，却反而肩上担负着瓦砾而行走。我所撰写的这部著作，正是为了解决这一问题。

况且，"心"与"佛"，都是世间的名词概念；"是"与"非"，是一种分别的认识；那些空论妄想，怎么能归于真谛！所以祖师说，如果说"是心是佛"，就好比牛身上长角；如果说"非心非佛"，就好比兔身上无角。这两种说法，都是相对而互有所待，勉强给加上的。倘若因概念而导致性体，豁然顿悟本心，证得自己真正的灵知，了了分明而无有疑惑，那么毕竟也就不会光确认概念而遗落性体，生起有所得的心了。这时便去、取两者都不复存在，是、非两者也顿时消歇。既不偏于分离，妄起绝言忘相的看法；也不偏于相即，陷入执指忘月的错误。正如《华严论》所说："遗落名言便是建立名言，破除言说便是生起言说，这两者都是背离觉悟而趋附外物，抛弃自己而曲从他物。"倘若如实亲自省察、当下证取自宗，尚且没有能证的智慧之心以及所证的妙理，难道还会有能知能解、有所得、有所趣向的妄想吗？

近年以来，有滥参禅门而不得要旨的，转相传承不信"即心即佛"之说，把它判作是教家所说，没有幽玄的旨趣；以为自有禅宗的至极宗旨，只认得"非心非佛"之说。这些都是错误的见解，只能是指鹿为马，期待觉悟反而迷妄，执着影像以为是真实，把疾病当作佛法。这些人追求的只是门风峻烈、问答尖刻新奇。于是，他们便以散乱的智慧死守痴禅，不明方便法门而违背宗旨。建立定式而依据道理，好似掺假的金子；留下方圆以决定边隅，如同添水的牛乳。或偏于语言上下功夫，或偏于意根上表现神通，都是因为未能丢掉"能""所"的对立，不曾破除名相。倘若如实发见性体，那么"心"和"境"也就都自归于虚寂，隐匿踪迹、敛藏光采，于不知不觉中产生功用。

所以说，这些滥参禅门的人，全都没有真正悟入佛道，只是追逐虚妄，轮回于六道；他们生起"法""我"的邪见，而蔑视大德高僧；他们凭着错误的认识，摧残那些正待受教的信徒。这些人诋毁佛陀亲口所说的经典，废除以大乘圆教为背景的修行；斥责声闻、缘觉"二乘"的菩提智慧，破灭人、天"二趣"的善种。他们只想做探玄索微的菩萨，仿效无碍无修的极端行为，却不懂得这样做，反而重堕于无知，变成"空见"外道。他们只观察思惟影像和踪迹，不去探求圆满恒常的真理，不愿放弃长期以来的错误认识，所以必然徒劳而无所收获。

卷三十四

问：但了一心，不求诸法；绍隆三宝，自行化他，得圆满妙觉位不？

答：觉心无易，则开佛知见[1]。佛知见开，无幽不瞩；不二之相，佛眼所见；一实[2]之道，佛智所知。照穷法界之边，洞彻真原之底。上成诸佛，下化众生，靡不由兹，自他俱利。夫欲正修行者，不归《宗镜》，皆堕邪修，或滞权小。

此《宗镜》正义，过去十方一切诸佛于此圆修已成，现在一切诸佛现成，未来一切诸佛当成；过去一切菩萨已学，现在一切菩萨现学，未来一切菩萨当学。所以《起信论》明须先正念真如之法。

《石壁钞》云："谓一切行门，皆从真如所起，以是行原故。"非真流之行，无以契真；何有契真之行，不从真起？此乃是所信法中之根本故。所以万缘③所起，起自真如；会缘所入，入于真如。菩萨发心，先念真如；菩萨起信，亦先信真如；菩萨所行，亦契会真如。

注释

①**开佛知见**：能够了知照见一切事物如实相貌的佛智慧，名"佛知见"。它是"二智"中的"一切种智"的功用，所以相对于智体而言称作"知"；又因为它是"五眼"的"佛眼"的功用，所以相对于眼而说"见"。凡得到这种佛知见，就有开示悟入的功能，叫作"开佛知见"。

②**一实**：即真如。"一"，指平等不二；"实"，指实相中道。一实，就是平等一如的中道实相。

③**万缘**：指心所攀缘的一切境界。缘，攀缘的意思，指人的心识攀缘一切境界。

译文

问：只是了悟一心，不求取别的法门；积极弘扬佛、法、僧"三宝"，不仅自己身体力行，而且化导他人。这样做能不能获得圆满妙觉果位？

答：本觉妙心没有变易，便可开示悟入佛的智慧。一旦开示悟入佛的智慧，便无处不能透彻；如如平等的形相，为佛眼所亲见；实相中道的真理，为佛智所亲知。佛智照尽法界的边缘，佛眼洞彻真如的尽头。凡上成诸佛，下化众生，无不因本觉妙心在起作用，由此而自利、利他。想要开展正确的修行，倘若不依据《宗镜录》所说，都将堕入邪修，或者滞留于方便、小乘。

《宗镜录》所显示的真理，过去十方一切诸佛由此而圆修已成，现在一切诸佛由此而圆修现成，未来一切诸佛由此而圆修当成；过去一切菩萨已学，现在一切菩萨现学，未来一切菩萨当学。所以《起信论》指出，必须首先正确思惟真如。

《石壁钞》说："一切造作之门，都从真如而起，因为它是所有造作的根源。"若不是由真如而派生，就不可能契合于真如；哪有契合真如的事物，不是从真如生起？这是众生所信佛法的根本。所以，心所攀缘的一切境界，生起于真如；而这一切境界，又复归于真如。菩萨发菩提心，先忆念真如；菩萨发起信心，也先信仰真如；菩萨的修行实践，也契会真如。

原典

又问：云何信真如之相？

答：不信一切法，是信真如之相。以真如理中本无诸法。若见诸法为有，是信诸法，不信真如。是以无夙植广大菩提一乘①种子之因缘者，卒难起信。

故经云，佛性平等，广大难量；凡圣不二，一切圆满；咸备草木，周遍蝼蚁；乃至微尘毛发，莫不含"一"而生。故云，能了知"一"，万事毕也。是以众生皆乘"一"而生。故云，一乘若迷故，则"异"；觉故，则"一"。故云，前念②是凡，后念③即圣。

又云，一念知一切法也，是以"一即一切，一切即一"④。故云，以"一"之法，功成万象。故经云，一切若有心，即迷一切；若无心，即遍十方。故真一万差，万差真一。譬如海涌千波，千波即海，一切皆无有异也。乃至万物含一而三，即彼万物亦为"一"也。何以故？以本一故，末则无异。譬如檀生檀枝，非椿木也。故《法华经》偈云："十方佛土中，唯有一乘法。""一乘"

者，即"一心"也。一切万有，十方虚空，皆从真如一心之种子所现。如檀生檀枝，兰生兰叶，乃至本末、中边，更无异相。故云，"一即一切，一切即一"。

若能如是，何虑不毕。若能如是，究竟圆通，此外更无不了之法。则无理而不明，无事而不尽，以一法能成一切法故。

注释

①一乘：又名"佛乘""一佛乘""一乘教""一乘法"等。引导教化一切众生成佛的唯一方法、途径或教说。大乘佛经《法华经》首倡这种说法，认为声闻、缘觉、菩萨（或佛）"三乘"说是"方便说"，而唯有"一乘法"才能引导众生达到解脱。

②前念：指刚才刹那间的念头。念，最短的时间单位，思想的刹那活动。心法相续起灭，不容间断，已过者为"前念"，后续者为"后念"。

③后念：见②。

④一即一切，一切即一：又名"一即十，十即一"，"一即多，多即一"。系华严宗教义之一，用以说明"法界缘起"中现象间的相即关系。这一思想的意义在于：或把佛教全部义理和实践作为一个整体而称为

"一"，其各个分支和法门则称为"多"；或把派生万有的"一心"称为"一"，所派生的万有则称为"多"。整体与部分、一般与个别，都是相即的关系。

译文

又问道：什么是信仰真如的相状呢？

答：不相信一切现象，即叫作信仰真如的相状。因为真如理体之中本来就没有一切现象。倘若执着一切现象为有，那是相信一切现象，而不是信仰真如。所以，不具一向播种广大菩提一佛乘种子因缘的人，最终将难以发起信心。

所以经中说，佛性平等一如，广大无边难以测量；凡夫与圣者并无二致，一切圆满具足；佛性广被于草木之类，也周遍于蝼蚁之属；乃至微尘毛发，无不含"一"而生。所以说，能够了知"一"，万事万物也就网罗无遗了。所以众生都因得"一"而生。因此说，若是于一乘法分辨不清，便是"异"；若是觉悟这一乘法，便是"一"。因此说，前念若是凡夫，后念便是圣人。

又说，一念之间便能了然世间一切事物，所以说"一即一切，一切即一"。因此说，只要有了本体"一"，就会有世界万物。因此经中说，"一切"如果有"心"，便昏迷于一切；"一切"若无"心"，便遍于十方世界。所以，真如只有一个，而表现为万有的差别；各具差别的万有，又归结于唯一真如。比如大海涌起千层波浪，这千层波浪就是大海，一切都没有区别。乃至万物含有一、含有三，那么万物也就是"一"。为什么？因为本体只有一个，现象也就没有不同。好比旃檀树长出的是檀枝，而不会是椿木。所以《法华经》偈颂说："十方佛土中，唯有一乘法。"所谓"一乘"，也就是"一心"。世界万物以及十方虚空，都从真如一心的种子变现。如同旃檀树生长檀枝，春兰生长兰叶，乃至本与末、中与边，都由真如一心所显现，并无差别之相。所以说，"一即一切，一切即一"。

如果对此加以领会，那么所有想法都可迎刃而解。倘若能做到这一点，便可究竟圆满通达，不再存在无法了达的事物了。这样，没有一种道理不能明白，也没有一件事物不能包容。这是因为，只要有一事物，便能成就一切事物。

原典

问：妙明真心，觉王^①秘旨，理虽圆顿，正解难成。更希善巧之门，重证将来之信。

答：前已引法说，今更将喻明。此《宗镜》一心，是诸法自性。如一珠有八万四千孔，入一孔全收珠体；似一月影现一切水，一一影不离月轮。又若分白栴檀片片，而本香无异；犹布青阳令处处，而春色皆同。是则一法明心，万缘指掌；皎然法喻，可以收疑。

注释

①**觉王**：即指佛。佛于觉、菩提、觉悟得大自在，所以称为"觉王"。《万善同归集》卷六："同蹑先圣之遗踪，共禀觉王之兹敕。"

译文

问：妙明真心，是佛的秘密宗旨，其道理虽然圆顿，但难正确悟解。希望进一步开示善巧方便之门，以重证未来的信心。

答：前面已引证了佛经，现在还要用比喻来说明。这《宗镜录》所标示的"一心"，是一切现象的自性。好比一颗宝珠有八万四千个孔，入其中一孔便全部收取宝珠的理体；又好比一个月亮映现于所有江河，所有江河中的月影离不开天上一轮明月。再好比将白旃檀切成片，每一片都散发着旃檀的本色芳香；犹如春阳普照各地，而各地的春色都是一个样的。由此看来，只要一事物上体现出妙明真心，那么万事万物也就会了如指掌；上述明白无误的比喻，可以排除人们的疑惑。

原典

问：佛旨开顿、渐之教，禅门分南、北之宗。今此敷扬，依何宗、教？

答：此论见性明心，不广分宗判教；单提直入，顿悟圆修。亦不离筌蹄而求解脱，终不执文字而迷本宗。若依"教"是《华严》，即示一心广大之文；若依"宗"即达摩，直显众生心性之旨。

如宗密禅师立三宗三教，和会祖教，一际融通。禅三宗者，一、息妄修心宗，二、泯绝无寄宗，三、直显心性宗。教三种者，一、密意依性说相教，二、密意破相显性教，三、显示真心即性教。

先叙禅宗。初，"息妄修心宗"者，说众生虽本有佛性，而无始无明覆之不见，故轮回生死。诸佛已断妄想，故见性了了，出离生死，神通自在。当知凡圣功用不同，外境内心故各有分限，故须背境观心，息灭妄念。念尽即觉，无所不知。如镜昏尘，尘尽明现。须修禅观①，远离喧杂；调息调身，心注一境等。

二、"泯绝无寄宗"者，说凡圣等法，皆如梦幻，都无所有，本来空寂，非今始无。即此达无之智，亦不可得。平等法界，无佛、众生，法界亦是假名。心既不有，谁言法界？无修不修，无佛不佛。设有一法胜过涅槃，我说亦如梦幻。无法可拘，无佛可作；凡有所作，皆是迷妄。如了达本来无事，心无所寄，方免颠倒，始名解脱。

三、"直显心性宗"者，说一切诸法，若有若空，皆唯真性[2]。无相无为，体非一切，谓非凡非圣。然即体之用，谓能凡能圣等。

于中指示心性，复有二类。

一云，即今能言语动作，贪嗔慈忍、造善恶、受苦乐等，即汝佛性；即此本来是佛，除此别无佛。了此天真自然，故不可起心修道。道即是心。性如虚空，不增不减。但随时随处，息业养神，自然神妙。此为真悟。

二云，诸法如梦，诸圣同说；妄念本寂，尘境本空。本空之心，灵知不昧。即此空寂之"知"，是汝真性。任迷任悟，心本自知。不借缘生，不因境起。"知之一字，众妙之门"。若顿悟此空寂之"知"，"知"且无念无形，谁为我相[3]、人相[4]？觉诸相空，心自无念；念起即觉，觉之即无。修行妙门，唯在此也。此上两说，皆是会相归性，故同一宗。

注释

①**禅观**：坐禅而观念真理。禅，禅定；观，观察思惟。

②**真性**：真，不虚妄的意思；性，不变易的意思。真性，就是众生本具的心体。《楞严经》卷一："前尘虚妄相想，或汝真性。"

③**我相**：四相（我相、人相、众生相、寿者相）之一。把五蕴和合的"我"，执为实有的"我"。

④**人相**：把五蕴和合而成的"我"，视为六道中的"人"，以区别于其他诸道。

译文

问：佛经提到顿教、渐教，禅门则分为南宗、北宗。本书所作的弘扬，是依据哪一宗、哪一教呢？

答：本书只说明心见性，并不一般地探讨分宗判教；只论单刀直入、顿悟佛性、圆满修行。也不脱离必要的条件而求取解脱，终究不执着于文字而于本宗产生迷妄。若是依"教"，则依《华严经》，即显示一心广大的文字语言；若是依"宗"，则依达摩所创立的禅宗，直下显示众生心性的意旨。

比如，宗密禅师曾建立"三宗""三教"，以和会禅和华严，使之圆融统一。禅的三个派系是：一、"息妄修心宗"；二、"泯绝无寄宗"；三、"直显心性宗"。教说的三个流派是：一、"密意依性说相教"；二、"密意破相显性教"；三、"显示真心即性教"。

先说禅宗。首先，"息妄修心宗"，是说众生虽然本具佛性，但因受无始以来积累而成的烦恼所迷惑而不能觉悟，所以流转生死。诸佛则已断除一切妄想，所以能清晰明白地发现心性，从而脱离生死轮回，神通自在。要知道，凡夫与圣者功用不同，外境与内心各有自己的范围，因此有必要离开外境而观察思惟自心，以息灭心中一切妄念。妄念一旦断灭，就是觉悟，就能无所不知。好比镜子上蒙蔽了尘垢，尘垢一旦去尽，镜子便明亮照人。为此而需要修习禅观，远离喧闹杂染之处；调节呼吸和身体姿势，将心专注于某一特定对象。

第二，"泯绝无寄宗"，是说凡夫及圣者等一切现象，都如同梦幻，都无所有，本来空寂，并非从现在开始才空寂。即使这种了达空寂的智慧，也无法得到。法界平等一如，既无佛也无众生；法界本身也只是一种假名。心既然是空，还说得上有什么法界？所以，一切都是修行，一切都是佛。若是说还有什么可以胜过涅槃的，依我说，那也是如梦如幻，绝非真实。因此，既没有可求的佛法，也没有可修的佛；凡有所修习作为，都是迷妄颠倒。倘若能觉悟到本来无事，心无所寄托，这才免于颠倒，这才称得上"解脱"。

第三，"直显心性宗"，是说一切事物，或空或有，都根源于众生本具的心体"真性"。这真性既无形相又无作为，其理体并不就是一切，也就是说既不是凡也不是圣者。但是，真性的随缘作用能生起一切事物，既能为凡夫也能成圣者。"直显心性宗"从指示心性角度说，又可分为两个派系。

其中之一认为，如今凡是能够说话、动作、贪欲、嗔恚、慈悲、忍辱，以及造作善恶、接受苦乐等的主体，都是你的佛性；这现存的一切都是佛，除此之外没有别的抽象的佛。佛性表现为天真自然，所以不可以生起造作之心，去修习佛道。佛就是自心。佛性如同虚空，不增也不减。只要随时随处不起身心活动，怡养精神，佛性自然神妙无比。这才是真正的"悟"。

另一派系则认为，一切事物如梦如幻，所有圣者看法一致；妄念本来寂灭，外境本来空无。本来空无之心，具有灵知不昧的特性。这空寂的灵知，便是众生本具的心体。不管是迷妄还是觉悟，心体本来自知。

它既不依赖机缘而生，也不因为外境而起。所以，这一"灵知"，就成为悟入佛道的法门。倘若顿悟这一空寂的灵知，而灵知况且无忆念分别，也无形相可言，那么还有什么"我相""人相"呢？觉悟到一切事物本来是空，心本来无忆念分别；一旦忆念生起，便即刻觉悟，觉悟后随即归于空无。修行的神妙法门，仅仅在这里。以上两个派系的说法，都是将形相会归于性体，所以属于同一宗派。

原典

次佛教三种。一、"密意依性说相教"者，佛说三界、六道，悉是真性之相，但是众生迷性而起，无别自体，故云"依性"。然根钝者本难开悟，故且随他所见境相说法，渐渐度之，故云"说相"。说未彰显，故云"密意"。

此一教中，自有三类。一、"人天因果教"，说善恶业报，令知因果。二、"断惑灭苦教"，说三界无安，皆如火宅之苦，令断业、惑之集，修道、证灭[①]等。三、"将识破境教"，说上生灭等法，不关真如，但各是众生无始以来，法尔有八种识。于中第八识，是其根本，顿变根身器界种子；转生七识，各能变现自分所缘。此八识外，都无实法。

问：如何变耶？

答："我""法"分别熏习力故，诸识生时变似"我""法"，六、七二识无明覆故，缘此执为实"我""法"。如患梦者，患梦力故，心似种种外境相现，梦时执为实有外物，寤来方知唯梦所变。我此身相，外及世界，亦复如是，唯识所变。迷故，执有"我"及诸境；既悟，本无"我""法"，唯有心识。遂依此"二空"之智，修唯识观②，及六度③四摄④等行。

渐渐伏断烦恼、所知二障⑤，证"二空"所显真如，十地⑥圆满。转八识成四智⑦菩提。真如障尽，成法性身，大涅槃之果。此第三"将识破境"，与禅门"息妄修心宗"而相扶会。以知外境皆空故，不修外境事相，唯息妄修心也。息"我""法"之妄，修唯识之心。

二、"密意破相显性教"者，据真实了义，则妄执本空，更无可破。无漏诸法，是真性随缘⑧妙用，永不断绝，又不应破。但为一类众生，执虚妄相，障真如实性，难得玄悟，故佛且不拣善恶、垢净性相，一切诃破。以真性及妙用不无，而且云无，故云"密意"。又意在显性，语乃破相；意不形于言中，故云"密"也。

此教说前教中所变之境，既皆虚妄，能变之识岂独真实？心境互依，空而似有。且心不孤起，托境方生；境不自生，由心故现。心如境谢，境灭心空，皆假众缘，无自性故。

是以一切诸法，无不是空；凡所有相，皆是虚妄。是故空中无五阴、六根、因缘、四谛，无智亦无得，生死涅槃，平等如幻。此教与禅门"泯绝无寄宗"全同。

三、"显示真心即性教"，直示自心即是真性。不约事相而示，亦不约破相而示，故云"即性"。不是方便隐密之意，故云"示"也。此教说一切众生，皆有空寂真心。无始本来，性自清净；明明不昧，了了常知；尽未来际，常住不灭。名为"佛性"，亦名"如来藏"，亦名"心地"。达摩所传，是此心也。

问：既云性自了了常知，何须诸佛开示？

答：此言"知"者，不是证知，意说真性不同虚空木石，故云"知"也。非如缘境分别之识，非如照体了达之智，直是真如之性，自然常知。《起信论》云，"真如"者，自体真实识知。《华严经》云，真如，照明为性。又《问明品》说，"智"与"知"异。"智"局于圣，不通于凡；"知"即凡圣皆有，通于理智⑨。

觉首等诸菩萨问文殊师利菩萨：何等是"佛境界智"？何等是"佛境界知"？

文殊颂答云："诸佛智自在，三世无所碍，如是慧境界，平等如虚空。"又颂云："非识所能识，亦非心境界；其性本清净，开示诸群生。"既云本净，不待断障，即知群生本来皆有，但以惑翳而不自知。

故《法华》中开示，令得清净者，即是《宝性论》中"离垢清净"也。此心虽自性清净，终须悟修，方得究竟。

经论所明，有二种清净，二种解脱。或只得离垢清净解脱，故毁禅门"即心即佛"；或只知自性清净解脱，故轻于教相⑩，斥于持律、坐禅、调伏⑪等行。不知必须顿悟自性清净，自性解脱；渐修令得离垢解脱，离障解脱，成圆满清净究竟解脱。若身若心，无所壅滞，同释迦佛。

注释

①**修道、证灭**：道，指"四谛"中的"道谛"，即超脱"苦""集"的世间因果关系，而达到出世间的涅槃寂静的全部理论和修习，如"八正道"等。灭，指"四谛"中的"灭谛"，即断灭世俗诸苦得以产生的原因，这是小乘佛教一切修行所要达到的目的，证得最高理想。《杂集论》卷五："由此道故，知苦、断集、证灭、修道，是略说道谛相。"

②**唯识观**：全称"唯识三性观"。三性，指遍计所执性、依他起性、圆成实性。

③**六度**：即"六波罗蜜"。指六种从生死此岸到达涅

槃彼岸的方法或途径。系大乘佛教修习的主要内容。它们是：布施、持戒、忍辱、精进、禅定、智慧。

④**四摄**：摄，摄受。指菩萨为摄受众生，使生亲爱之心，皈依佛道，而应当做的四件事。它们是：布施摄（若众生乐财则施财，乐佛法则施佛法）；爱语摄（随众生的根性善言慰喻）；利行摄（做利益众生的种种事）；同事摄（与众生同处，随机教化）。

⑤**二障**：指烦恼障、所知障。是瑜伽行派和法相唯识宗，对贪、嗔、痴等诸惑，就其能障碍成就佛果的作用所做的分类。烦恼障，指以我执（人我见）为首的诸烦恼，以为这些烦恼能障涅槃。所知障，指以法执（法我见）为首的诸烦恼，以为这些烦恼能障菩提。

⑥**十地**：又名"十住"。指佛教修行过程的十个阶位。常见有两种说法。一种是"三乘十地"，也称"共地"，指声闻、缘觉、菩萨共修的阶位。它们是：干慧地、性地、八人地、见地、薄地、离欲地、已作地、辟支佛地、菩萨地、佛地。另一种是"大乘菩萨十地"，指菩萨修行的十个阶位。它们是：欢喜地、离垢地、发光地、焰慧地、难胜地、现前地、远行地、不动地、善慧地、法云地。

⑦**四智**：瑜伽行派和法相唯识宗认为，通过修习，有烦恼的八识可以转为摆脱烦恼的八识，从而获得四种

智慧即"四智"，这叫"转八识成四智"，简称"转识成智"。这四智是：成所作智（由前五识转）；妙观察智（由第六识转）；平等性智（由第七识转）；大圆镜智（由第八识转）。

⑧**随缘**：外界事物对自体产生作用，叫作"缘"；应这缘而自体发生变化，便是"随缘"。比如，水应风这一缘而有波浪生起。

⑨**理智**：理，指所观的道理；智，指能观的智慧。能观之智与所观之理彼此冥合，称为觉悟。也就是依理而生智慧，依智慧而显道理。

⑩**教相**：指教相、观心两门之一的教相门，意为分别教义。如天台宗的五时八教，法相唯识宗的三时教等。《法华玄义》卷一："教者，圣人被下之言也；相者，分别同异也。"教相，便是对释迦一代教法，各从自宗的教义出发，加以分别判断。观心，则观想自宗所立的真理。

⑪**调伏**：调和身、口、意三业，以制伏诸恶。引申为降伏。《华严经探玄记》卷四："调者调和，伏者制伏。谓调和控御身、口、意业，制伏除灭诸恶行故。"

译文

其次说佛教三种。第一，"密意依性说相教"，是说佛所说的"三界""六道"，都是众生本具心体的相状，只因众生不能辨明心体而生起，并无别的什么自体，所以说是"依性"。但是，对于钝根者而言，本来就难以开悟，因而便姑且随他们所见的外境而展开说法，逐渐救度他们，故而说是"说相"。这种说法方式并未显明，所以说是"密意"。

这一种教说中，可以分为三类。第一类是"人天因果教"，说的是善恶业报，让人知道因果报应。第二类是"断惑灭苦教"，说的是三界没有安宁，犹如居于火宅之中，教人断绝"业""惑"等造成人生痛苦的原因，完成修道，证得断灭诸苦后的果。第三类是"将识破境教"，说的是上述生灭等现象，与真如不相关联，只不过是众生从无始以来，自然就有八种识。八识中最为根本的，是其中的第八识，这第八识顿时变现为能产生人身和外部世界的种子；然后再转生七识，这七识又各能变现自己所攀缘的对象。除了这八识，其余都非真实。

要问如何变现的，回答是，由于我执、法执的分别熏习，各识生起时变现如同"我""法"；又由于六识、七识受无明障蔽，所以人们便认为真的有"我""法"。好比做梦的人，受梦力的支配，心似乎显现为各种外境，于是梦中就以为有实在的外境，待到醒来，才知道这只是梦幻。我的身体，以及外部世界，也都是这样，只不过由"识"所变现。因为迷妄，所以才执着有"我"及外部世界；觉悟之后，便知道本来就没有"我""法"，只有心识。于是，就依据这"我空""法空"的智慧，修习唯识三性观以及"六度""四摄"等。

逐渐断灭烦恼障、所知障，证得人空、法空所显示的真如，十地圆满，转变有烦恼的八识成为无烦恼的"四智"菩提。障蔽真如的因素一旦去除，便成就佛的法身，获取大涅槃之果。这"将识破境教"与禅门的"息妄修心宗"相和会。因为知道外境都是空无，所以不修习外境的事相，而只是息灭妄念、观察思惟自心。息灭我执、法执的妄念，修习唯识的心。

第二，"密意破相显性教"，依据真实彻底的教义，那么，一切虚妄执着本来是空，再没有什么可以破除的。既已摆脱了烦恼的事物，乃是众生本具心体，随顺机缘的妙用，便永远不会中断，也是不应该破除的。只是因为相似的众生，执着于虚妄之相，障蔽真如，难以觉悟。所以佛姑且不论善恶、垢净等性相，全都予以破斥。即使众生本具的心体及其妙用并非空无，况且还说成是无，所以说"密意"。同时，它的真实用意在于显性，而语言文字则在破相；用意并不显露于言语之中，所以说"密"。

这"密意破相显性教"认为，"密意依性说相教"中由识所变现的外境，既然都属虚幻不实，那么，能变现的识又怎么会独自真实呢？心与外境互为依存，虽空却似乎有。况且心并非独自生起，需要依托外境才能生起；外境也并非自己生起，因为有心，所以才显现。心如同外境一样凋落，外境寂灭，心即归于空；这是因为，心和境都暂借各种条件而成，都无独立存在的自体。

所以，一切现象无不是空，凡所有形相都是虚妄。由此，从"空"的原则出发，不存在五蕴、六根、因缘、四谛，既无智慧也无所得，生死与涅槃平等一如。这一派佛教与禅门"泯绝无寄宗"全然相同。

第三，"显示真心即性教"，直下显示自心即是真如佛性。它既不就事相而显示，也不就破相而显示，所以叫"即性"。同时，又没有方便隐密的含义，所以称"示"。这一派佛教认为，一切众生都有空寂真心。无始以来，这真心之性体本自清净；它光亮明洁，明白常知；直至永远，常住不灭。这空寂的真心名叫"佛性"，又叫"如来藏"，又叫"心地"。达摩来华所传的，便是这一"心"。

若是有人问：既然说佛性明白常知，那又何必要佛来开示呢？

回答是：这里所说的"知"，不是一种逻辑意义上的"证知"，而是指人的空寂真心是一种具有生命意义上的本体，它不同于虚空木石，所以说是"知"。这种"知"并非攀缘外境、予以分别认识，并非像观照本体、觉悟真性的智慧；它本身就是真如本性，自然常知。《起信论》说，真如，就是自体真实的了别之知。《华严经》说，真如，以观照明白为本性。又，《问明品》说，"智"与"知"不同。"智"局限于圣者，不通于凡夫；而"知"则凡、圣都具备，通于觉悟。

觉首等菩萨问文殊师利菩萨道：什么是佛境界的"智"，什么又是佛境界的"知"？

文殊以偈颂回答说：诸佛智慧融通自在，通三世而无所障碍；这样的智慧境界，平等一际如同虚空。又有偈颂说：并非"识"所能认识，也不是心的境界；心性本来清净，以此开示众生。既然说本来清净，那就不必断除惑障，便知众生本来就具备，只不过因被烦恼障蔽而不能自知罢了。

所以《法华经》中开示说，所谓使人获得"清净"，这清净便是《宝性论》中所说的"离垢清净"。众生的心虽然自性清净，但毕竟要通过觉悟修行，才能获得解脱。

佛教经论中揭示，有两种清净，两种解脱。有的人只得了离垢清净解脱，因而非毁禅门"即心即佛"之说；有的人只知道自性清净解脱，所以轻视教相，指责持律、坐禅以及调伏诸恶的修行。他们不懂得必须顿悟自性清净、自性解脱；通过渐修则获得离垢解脱、离障解脱，成就圆满清净究竟解脱。无论是身体还是自心，都通达无碍，等同于释迦牟尼佛。

原典

经问：云何"佛境界智"？此问证悟之智；云何"佛境界知"？此问本有真心。

答："智"云诸佛智自在，三世无所碍。

答："知"云非识所能识，亦非心境界。识是分别，分别非真"知"，唯无念①方见。又若以"智"证之，即属所诠之境。真"知"非境界，故瞥起照心，即非真"知"。故非心境界，以不起心为玄妙。以集起②名心。起心、看心，即妄想，故非真"知"。

是以真"知"必虚心遗照，言思道断矣。北宗"看心"，是失真旨。若有可看，即是境界也。《宝藏论》云："知有，有坏；知无，无败。""真知"之智，有、无不计。既不计有、无，即自性无分别之知。是以此真心自体之"知"，即无缘心，不假作意，任运常知；非涉有、无，永超能、所。

水南和尚云，即体之用曰"知"，即用之体为

"寂"，如即灯之时即是光，即光之时即是灯；灯为体，光为用，无二而二也。又云，"知"之一字，众妙之门。

如是开示，灵知之心，即是真性，与佛无异。故名"显示真心即性教"，全同禅门第三"直显心性"之宗。

既马鸣标"心"为本原，文殊择"知"为真体，如何破相之党，但云寂灭，不许真知？说相之家，执凡异圣，不许即佛？今约教判定，正为斯人。故西域传心，多兼经论，无二途也。但以此方迷心执文，以名为体，故达摩善巧，拣文传心；标举其名，"心"是名也；默示其体，"知"是体也；喻以壁观，令绝诸缘。

绝诸缘时，问断灭不？

答：虽绝诸念，亦不断灭。

问：以何证验，云不断灭？

答：了了自知，言不可及。

师即印云："只此是自性清净心，更勿疑也。"若所答不契，即但遮诸非，更令观察，毕竟不与他先言"知"字。直待他自悟，方验真实，是亲证其体，然后印之，令绝余疑。故云"默传心印"。

所言"默"者，唯默"知"字，非总不言。六代相传，皆如此也。至荷泽时，他宗竞起，欲求默契，不遇机缘。又思惟达摩悬丝之记，达摩云："我法第六代后，命若悬丝。"恐宗旨灭绝，遂言"知之一字，众妙之门"。

①**无念**：有两种含义。一是指认识不应存留世俗世界的忆想分别，而只应保持符合真如的念头。这是禅宗的主要教义。《禅源诸诠集都序》卷二："觉诸相空，心自无念。念起即觉，觉之即无。修行妙门，唯在此也。故虽备修万行，唯以无念为宗。"二是"真如"的别称。由于有妄念，世俗世界得以产生；若无妄念，即为真如。这一意义上的真如，又名"无念真如"。

②**集起**：即心，或名阿赖耶识。一切现行法通过阿赖耶识熏习其种子，为"集"；由阿赖耶识生起一切现行法，为"起"。

译文

经中问道：什么是佛境界的"智"？这是问证悟的智慧；什么是佛境界的"知"？这是问本有的真心。

对"智"的回答是：诸佛智慧自在融通，于过去、现在、未来三世都无所妨碍。对"知"的回答是："知"并非心识所能认识，也不是心的境界。心识的作用在分别，分别并不是真正的"知"，"知"只有"无念"才能见到。此外，倘若以智慧予以契合，那么就将成为所阐明的境界。但是，真正的"知"并非境界，所以，匆匆而起观照之心，便不是真正的"知"。因此，非心的境界，以不生起心的妄念为玄妙。以阿赖耶识名之为心。起心、看心，便是妄想，故而不是真正的"知"。

所以，真正的"知"必须空虚其心、遗落其观照，不可言说，不可思念。禅宗的北宗一派主张"看心"，这有失于真正的禅宗趣旨。若是真有什么可以看的，那就是境界。《宝藏论》说："知道'有'，则'有'坏；知道'无'，则'无'败。""真知"的智慧，则有、无都不计较。既然不计较有或无，也就等于自性没有分别的知识。所以，这一出于真心自体的"知"，也就是没有攀缘活动的心；它不借助于使心警觉的精神作用，能运用自如而明白常知；既非关系到有，也不关系到无，永远超越"能""所"两个方面。

水南和尚说，与本体圆融不二的功用叫作"知"，与功用圆融不二的本体称为"寂"，这好比看到灯时便是见到光，见到光时也就是看到灯；灯是体，光是用，两者既是一又是二。又说，"知"这一个字，便是悟入之处。

如上所作的这些开示说明，灵知灵觉之心，便是众生本具心体，与佛没有什么不同。所以称这一派佛教为"显示真心即性教"，全然相当于禅门"第三直显心性宗"。

既然马鸣菩萨标举"心"为本源，文殊菩萨择取"知"为真体，那么为何专重破相的人只说寂灭，不承认真知？又为何专重说相的人，执着于凡夫有别于圣者，不承认凡夫即是佛？现在就教大家来作判定，正是为了开导这些人。所以西域高僧传授心法，大多兼授经论，没有别的方法。只因为中土佛学昏迷于心而执着文字，以名言概念为本体，所以达摩使用善巧方便，拣择文句传授一心之法；他标举名词概念，"心"便是名词概念；他又以静默显示本体，"知"便是本体；还以面壁而观引导僧徒，教他们断绝心的一切攀缘活动。

　　若问当一切攀缘活动断绝时，心本身还断灭吗？

　　回答是，心虽然断绝了一切妄念，但本身并不断灭。

　　若问以什么验证心不断灭？

　　回答是，心本身自然明白可知，但无法用语言加以表达。

　　达摩随即印可说："这就是自性清净心，不必更有所疑。"倘若回答并不相契，便否定对方的错误之处，教他进一步观察思惟；达摩本人则终究不向他先说出个"知"字。直到对方获得自悟，验证了如实之理，亲自证得心体，然后加以印可，使之断绝一切疑惑。所以人们称这为"默传心印"。

　　所谓"默"，是指只不说出"知"字，并非所有都不说。自达摩至惠能，六代相传，一概如此。到了荷泽神会时，禅宗各家纷纷崛起，人们想要获得默契心印，苦于机缘不遇。神会想起达摩当年的预言，达摩说："我的禅法在传到第六代之后，将危急万分。"神会担心达摩宗旨从此断绝，便说出了"知之一字，众妙之门"。

原典

问：悟此"心"已，如何修之？还依初"说相教"中，令坐禅不？

答：若昏沉厚重，难可策发；掉举猛利，不可抑伏；贪嗔炽盛，触境难制者，即用前教中种种方便，随病调伏。若烦恼微薄，慧解明利，即依本宗，"一行三昧"①。

如《起信论》云："若修止者，住于静处，端身正意，不依气息形色，乃至唯心，无外境界。"《法句经》偈云："若学诸三昧，是动非是禅；心随境界流，云何名为定？"即不起灭定，现行坐之威仪；不于三界，现攀缘之身意。然此教中，以一真心性，对染、净诸法，全拣全收。全拣者，如上所说，但克体直指灵知，即是心性，余皆虚妄。故云，非识非心，非境非智，乃至非性非相，非佛非众生，离"四句"②绝百非也。

全收者，染净诸法，无不是心。心迷故，妄起惑业，乃至四生、六道，杂秽国土；心悟故，从体起用，四等③、六度，乃至四辩④、六通⑤，妙身、净刹，无所不现。既是此心现诸法，故法法全即真心。如人梦所现事，事事皆人；如金作器，器器皆金；如镜现影，影影皆镜。故《华严经》云："知一切法即心，自性成就慧身，不由他悟。"

《起信论》云："三界虚伪，唯心所作；离心则无，六尘境界。乃至一切分别，皆分别自心。心不见心，无相可得。"故云，一切法如镜中像。《楞伽经》云："'寂灭'者，名为一心；'一心'者，名如来藏，能遍兴造一切趣生，造善造恶，受苦受乐；果与因俱。"故知一切无非心也。

全拣门摄前第二"破相教"，全收门摄前第一"说相教"。将前望此，此则迥异于前；将此望前，前则全同于此。深必该浅，浅不至深。深者直显出真心之体，方于中拣一切，收一切也。如是收、拣自在，性、相无碍，方能于一切悉无所住。唯此名为了义。

上之三教，摄尽一代经论之所宗。三义全殊，一法无别。就三义中，第一、第二，"空""有"相对；第三、第一，"性""相"相对，皆迢然易见。唯第二、第三，"破相"与"显性"相对，讲者禅者，俱迷为同；是一宗一教，皆以破相便为真性。

故今广辩空宗⑥、性宗⑦，有其十异。空宗唯破相，性宗唯显性；权、实有异，遮、表全殊。不可以遮诠遣荡、排情破执之言，为表诠直示、建立显宗之教；又不可以逗机诱引、一期权渐之说，为最后全提、见性真实之门。

如上判教分宗，言约义丰，最为殊绝。初则历然不滥，后则一味融通，可释群疑，能归《宗镜》。

十异者，一、"法义真俗异"者，空宗未显真性，但以一切差别之相为"法"；"法"是俗谛。照此诸法无为无相、无生无灭为"义"；"义"是真谛。性宗以一真之性为"法"，空、有等种种差别为"义"。经云："无量义者，从一法生。"《华严经》云："'法'者，知自性；'义'者，知生灭。"

二、"心性二名异"者，空宗一向目诸法本原为"性"，性宗多目诸法本原为"心"。《起信论》云："一切诸法，从本已来，唯是一心。"良由所说本性，不但空寂，而乃自然常知，故应目为"心"。

三、"性字二体异"者，空宗以诸法无性为"性"，性宗以虚明常住不空之体为"性"。性字虽同而体异也。

四、"真智真知异"者，空宗以分别为"知"，无分别为"智"；"智"深"知"浅。性宗以能证圣理之妙慧为"智"，以该于理智、通于凡圣之真性为"知"；"知"

通"智"局。《华严经》云："真如照明为'性'。"《起信论》云："真如自体，真实识'知'。"

五、"有我无我异"者，空宗以"有我"为妄，"无我"为真；性宗以"无我"为妄，"有我"为真。故《涅槃经》云："'无我'者，名为生死；'我'者，名为如来。"

六、"遮诠表诠异"者，"遮"谓遣其所非，"表"谓显其所是；又"遮"者拣却诸余，"表"者直示当体。如诸经所说"真如妙性"，每云不生不灭，不垢不净，无因无果，无相无为；非凡非圣，非性非相等，皆是遮诠，遣非荡迹，绝想祛情。

若云知见觉照，灵鉴光明；朗朗昭昭，堂堂寂寂等，皆是表诠。若无知见等体，显何法为性？说何法不生不灭等，必须认得现今了然而知，即是我之心性，方说此"知"不生不灭等。如说盐，云"不淡"是遮，云"咸"是表；说水，云"不干"是遮，云"湿"是表。空宗但遮，性宗有遮有表。

今时人皆谓遮言为深，表言为浅，故唯重"非心非佛""无为无相"，乃至"一切不可得"之言。良由只以遮非之词为妙，不欲亲自证认法体，故如此也。又若实识我心，不同虚空，性自神解，非从他悟，岂借缘生。若不对机随世语言，于自性上尚无表示真实之词，焉有遮非方便之说？

如今实未亲证见性之人，但效依通，情传意解，唯取言语中妙以遮非泯绝之文，而为极则。以未见谛故，不居实地，一向托空，随言所转。近来尤盛，莫可遏之。若不因上代先贤多闻广学，深入教海，妙达禅宗，何能微细指陈，始终和会，显出一灵之性，剔开万法之原？是以具录要文，同明《宗镜》。

七、"认名认体异"者，谓佛法世法，一一皆有名、体。且如世间称"大"，不过四物。如《智论》云："地、水、火、风是四物名，坚、湿、暖、动是四物体。"

今且说水，设有人问："每闻澄之即清，混之即浊；堰之即止，决之即流；而能溉灌万物，洗涤群秽。此是何物？"举功能、义用而问之。答云："是水。"举名答也。愚者认名谓已解，智者应更问云："何者是水？"征其体也。答云："湿即是水。"克体指也。佛法亦尔。

设有人问："每闻诸经云，迷之即垢，悟之即净；纵之即凡，修之即圣；能生世、出世间一切诸法。此是何物？"此举功能、义用问也。答云："是心。"举名答也。愚者认名便为已识，智者应更问："何者是心？"征其体也。答："'知'即是心。"指其体也。此一言最亲最的，余字余说皆疏。

空宗、相宗⑧，为对初学及浅机，恐随言生执，故但标名而遮其非，唯广义用而引其意。性宗为对久学及上根，令忘言认体，故一言直示。达摩云："指一言以直示，即是'知'字一言；若言'即心是佛'，此乃四句矣。"若领解不谬，亲照灵知之性，方于体上照察义用，故无不通矣。

八、"二谛三谛异"者，空宗唯二谛，性宗摄一切性相及自体，总为三谛。以缘起色等诸法为俗谛；缘起无自性、诸法即空为真谛；一真心体，非空非色，能空能色，为中道第一义谛。

九、"三性空有异"。空宗说有，即遍计、依他；空，即圆成。性宗即三法皆具空、有之义："遍计"即情有理无，"依他"即相有性无，"圆成"即情无理有。

十、"佛德空有异"。空宗说佛以空为德，无有少法，是名菩提。性宗一切诸佛自体，皆有常乐我净、十身⑨、十智⑩、相好⑪无尽。性自本有，不待机缘。

十异历然，二门焕矣，故须先约三种佛教，证三宗禅心，然后禅、教双亡，佛、心俱寂。俱寂即念念皆佛，无一念而非佛心；双亡即句句皆禅，无一句而非禅教。如此则自然闻"泯绝无寄"之说，知是破"我"执情；闻"息妄修心"之言，知是断"我"习气。执情破而真性显，即泯绝是显性之宗；习气尽而佛道成，即修心是成佛之行。

顿渐互显，空有相成。若能如是圆通，则为他人说，无非妙方；闻他人说，无非妙药。药之与病，只在执之与通。故先德云，执则字字疮疣，通则文文妙药。

如上依教依宗，撮略和会，挑扶宗旨之本末，开析法义之差殊，校量顿、渐之异同，融即真、妄之和合；对会遮、表之回互，褒贬权、实之浅深。可谓卷教海之波澜，湛然掌内；蔟义天之星象，奂若目前。则顿释群疑，豁然妙旨。

若心外立法立境，起斗诤之端倪；识上变"我"变"人"，为胜负之由渐。遂乃立"空"破"有"，宾"有"非"空"；崇"教"毁"禅"，宗"禅"斥"教"。权、实两道，常为障碍之因；性、相二宗，永作怨仇之见。皆为智灯焰短，心镜光昏，终不能入无诤之门，履一实之道矣。

注释

①一行三昧：又名"一相一昧"。指以法界为观想对象，并以法界为唯一行相的禅定。《文殊般若经》："法界一相，系缘法界，是名一行三昧。"至《大乘起信论》而有所发挥。北宗禅神秀禅师曾倡导一行三昧，但由于偏重于坐禅安心而受南宗禅慧能一系的批判。惠能主张

"于一切处行、住、坐、卧，常行一直心"，便是一行三昧，不必坐禅，也不必故意去限制认识活动。

②离四句："四句"，指有、无、亦有亦无、非有非无。离四句，就是要超离这四种说法，体验涅槃境界。《三论玄义》："若论涅槃，体绝百非，理超四句。"

③四等：指慈、悲、喜、舍四无量心。就所缘之境而称之为"无量"，就能起之心而称之为"等"。

④四辩：即"四无碍解"。指菩萨说法所使用的智辩。就意业而言称为"解""智"，就口业而言称为"辩"。它们是：法无碍、义无碍、辞无碍、乐说无碍。

⑤六通：又名"六神通"。指三乘圣者所获得的六种神通。它们是：天眼通、天耳通、他心通、宿命通、神足通、漏尽通。

⑥空宗：佛教学说的一个派别。因以空理为宗旨，宣传"一切皆空"的思想。小乘的成实宗，大乘中观学派以及中国的三论宗等属于这一派别。与称为"相宗"的法相唯识宗等相对。

⑦性宗：又名"法性宗"。佛教学说的一个派别。主张以真如（或"法性""佛性"）为世界的本源，重在显示真性空寂之理。与法相唯识宗等"相宗"相对。有以华严宗、天台宗为性宗，也有以中观学派、三论宗为性宗。

⑧**相宗**：也名"法相宗"，又名"法相唯识宗"。此宗系继承印度瑜伽行派学说，将万法的生起归结为阿赖耶识，以阿赖耶识为一切染净、因果的根本。因注重事物名相的分析，所以名"法相宗"；又因主张"唯识无境""万法唯识"，所以又名"唯识宗"。

⑨**十身**：指佛所具的十身。它们是：菩提身、愿身、化身、力持身、相好庄严身、威势身、意生身、福德身、法身、智身。

⑩**十智**：指大乘所说如来所具的十种智慧。它们是：三世智、佛法智、法界无碍智、法界无边智、充满一切世界智、普照一切世间智、住持一切世界智、知一切众生智、知一切法智、知无边诸佛智。

⑪**相好**：佛陀生来不同凡俗，具有神异容貌，其显著的为"相"，其微细的为"好"。就化身而言，有三十二相、八十种好；就报身而言，则有八万四千乃至无量的"相"和"好"。

译文

问：悟了这一"心"之后，又如何修行呢？是否还依第一"密意依性说相教"，教人坐禅？

答：若是遇到昏沉蒙昧较深、难以启发，浮躁不静强烈、难以抑伏，以及贪欲嗔恚严重、难以制止的人，就可以采用前面所述教家两派的种种方便法门，根据病情的轻重予以调伏。若是遇到烦恼不深，又慧解明利的人，就可以依据禅宗，修习"一行三昧"。

如《起信论》说："若是修习禅定，需要住于寂静之处，端正身体，一心正念，不依赖气息、形色，乃至只存一心，排除所有外境。"《法句经》的偈颂说："若说修学各种禅定，则是'动'而不是'禅'；心依随外境而活动，怎么能说是'定'？"所谓"三昧"，是指不生起灭尽禅定之心，而显示行、坐的威仪；不于欲界、色界、无色界，显现对外攀缘的身体、意识。然而，这"显示真心即教"，则以平等不二的心性，对于染、净一切现象加以全面拣择、全面收取。

所谓全面拣择，就如以上所说，只有心体直指灵知灵觉，这才是心性，其余一概都属虚妄。所以说，既非识也非心，既非境也非智，乃至既非性也非相，既非佛也非众生，脱离"四句"超绝"百非"。

所谓全面收取，是指凡是染、净一切现象，无不都出自于心。由于心的迷妄，所以生起烦恼，乃至生起四生、六道，杂秽国土；由于心的觉悟，从而由体起用，四等、六度，乃至四辩、六通，妙身、国土，无所不现。既然是"心"显现为一切现象，所以一切现象都与真心平等不二。这好比人于梦中见到许多事物，这些事物都与人平等一如；又好比以金制作各类器具，每一器具都是金；又好比镜中显现许多影像，每一影像都是明镜。所以《华严经》说："要知道，一切事物都是自心所现，自性成就智慧之身，并非依赖其他而得悟。"

《起信论》说："三界一切虚妄现象，全由一心造作；离开心，也就没有色、声、香、味、触、法等境界。乃至所有对现象的分别认识，其实都是对自心的分别。心本身见不到心，因为心无任何形相。"所以说，一切事物犹如镜中的影像。《楞伽经》说："所谓'寂灭'，它就是一心；'一心'，也就是如来藏，它能普遍造作六道众生，能造善业或恶业，能受苦或受乐；果报与原因同时出自一心。"因而确知，一切无非是心。

全面拣择法门摄受前面第二"密意破相显性教"，全面收取法门摄受前面第一"密意依性说相教"。若以前面两派教说比较这一派教说，则这一派远不同于前两派；若以这一派对照前两派，则前两派全然相同于这一派。这是因为教法深的必然概括了浅的，而教法浅的却达不到深的。教法深的能直接显示真心的本体，也才能拣择一切，收取一切。这样一来，"收"和"拣"自在任运，"性"与"相"无碍融通，才能于一切现象、一切处所都无所住着，才能称得上究竟、彻底的佛法。

以上所述三类佛教，将一代经论的基本思想已全部摄取。三教所说虽然各不相同，但归根结底是一种佛法。在这三教思想中，第一与第二在"空""有"之说方面有区别；第三与第一在"性""相"之说方面有不同。这些都明白易见。只有第二与第三，即"破相"与"显性"方面的对立，无论讲者还是禅者，都错误地认为二者是相同的，因为这一宗一教，都以"破相"便是显示"真性"。

因此，这里我广泛深入地对"空宗"与"性宗"予以分别，得出两者之间存在的十个差异。空宗全部重点在于破除法相，而性宗的整个重点在于显示真性；权宜与真实有异，肯定与否定全殊。不可用否定排遣、破除情执的言论，来作为正面直接表达、建立显宗的教说；也不可用投合机缘、方便诱道、人生一期权宜渐修的说法，来作为死前完全达成、见性真实的法门。

上述的判教分宗，文字简略而意蕴丰富；起初则历然分明，然后则一味融通，可以释去各种疑惑，可以归入于《宗镜》之中。

现在就论述空宗、性宗十个差异：

第一，"法义真俗异"。空宗未显真性，只是以一切差别形相为万物；万物是俗谛。观照万物无为无相、无生无灭为道理；道理是真谛。性宗以一真之性为万物，以空、有等种种差别为道理。经中说："无量数的道理，从一事物生起。"《华严经》说："通过事物而得知自性，通过道理而得知生灭变化。"

第二，"心性二名异"。空宗一向将一切现象的本源视为"性"，而性宗则大多以一切现象的本源为"心"。《起信论》说："一切事物，从原本上说只是一心。"多因所说本性不但空寂，而且自然常知，所以应看作是心。

第三，"性字二体异"。空宗以一切事物无实体为"性"，性宗则以虚明常住不空的本体为"性"。虽是同一"性"字，但有"体"上的差异。

第四，"真智真知异"。空宗以分别认识为"知"，以无分别认识为"智"；"智"深而"知"浅。性宗以能证得真理的微妙智慧为"智"，以包容于道理和智慧、通达于凡夫和圣者的真性为"知"；"知"通达无碍，而"智"有所拘束。《华严经》说："真如以观照明白为本性。"《起信论》："真如自体具有真实认识的'知'。"

第五，"有我无我异"。空宗以"我"为虚妄，以无"我"为真实；性宗则以无"我"为虚妄，以有"我"为真实。所以《涅槃经》说："'无我'，名为生死；'我'，名为如来。"

第六，"遮诠表诠异"。"遮"，指排斥那些应否定的东西；"表"，指显明那些该肯定的东西。此外，"遮"还拣择排除其他一切，而"表"则直指事物的本体。比如许多经典说到"真如妙性"，通常说它不生不灭，不垢不净；无因无果，无相无为；非凡非圣，非性非相等，这些都是否定的解释，目的是遣荡万物，去除情想。

倘若说真如是知见觉照，灵鉴光明；朗朗昭昭，堂堂寂寂等，都是正面肯定的解释。若是没有知见等性体，那么在什么地方显示出性来呢？当说到什么现象不生不灭时，必须懂得，眼前了然而知的便是我的心性，然后再说到这一"知"不生不灭。比方说盐，说它"不淡"是否定，说它"咸"是肯定；又比方说水，说它"不干"是否定，说它"湿"是肯定。空宗只有否定表述，性宗则既有否定又有肯定。

如今人们都以为否定表述深刻，正面肯定表述肤浅，所以只重视"非心非佛""无为无相"，乃至"一切不可得"等说法。这多半是由于他们只以为否定的表述奇妙，不愿亲自体认真如。再则，若是如实认识自心，它并不等同于虚空，那么，佛性就自然神解，并非需要由他悟入，也不需要借助于众缘而生起。若是不能根据机缘随顺世俗说话，于自性上还没有表述真实的语言，哪里还有什么否定的、方便的说法？

如今实际上尚未亲证真如、悟见佛性的人，只是一味仿效神通，据个人情意作主观的解释，仅摘取文字语言中奇妙而彻底否定的部分，以为至极真理。因为他们并未获取真理，所以不能立足于实际，一向依托于"空"，受否定文字的支配。这种状况，近来日益严重，无法制止。若不是由于以往大德多闻广学，深入教理之海，妙达禅宗之旨，怎么可能详尽地指点陈述，始终融通和会，以显示灵明真性，揭露万物本源？所以我这里将有关见解都予以集录，以阐明《宗镜录》的本意。

第七，"认名认体异"。认为佛法和世法，一一都有名称和理体两个方面。举例说吧，世间称之为"大"的，不过四种事物。比如《大智度论》说："地、水、火、风是四种事物的名称，坚、湿、暖、动是四种事物的理体。"

现在姑且以水为例，假设有人要问："听说有一事物，将它沉淀了就清澈，掺杂了就混浊；将它堵塞了就静止，开通了就流动；它能灌溉万物，洗涤一切污秽。这是什么？"这是就水的功能和意义上所作的提问。回答说："是水。"这是就名称所作的回答。愚昧的人得了这名称就以为有了答案；智慧的人则应进而问道："什么是水？"这是求取它的理体。回答是："湿便是水。"这是严格限于理体而说。佛法也是如此。

假设有人发问："经常听到佛经上说，有一事物，迷妄时便污染，觉悟时便清净；放弃了就是凡人，修习了就成圣者；能生起世间、出世间一切事物。这是什么?"
这是就心的功能和意义上所作的提问。回答说："是心。"
这是就名称所作的回答。愚昧的人得了这名称就以为已
经认识，智慧的人则应进而问道："什么是心?"这是求
取它的理体。回答是："'知'就是心。"这是指心的理
体。"知即是心"这句话最为亲切、确当，其他各种说法
都疏远不切。

　　空宗和相宗，是为了那些初学者以及根机浅的人而
设，恐怕他们随顺文字、产生执着，所以只标举名词概
念而作否定表述，只广泛地就心的意义和作用而加以演
释其道理。性宗则是为那些久学者以及上等根机的人而
设，让他们忘却文字、认识理体，所以往往用一个字直
接显示。达摩说："以一个字而直接显示，这一个字就是
'知'字；若说到'即心是佛'，已经是四句了。"倘若
领会没有错误，亲自观照灵知心性，才能于理体上表现
作用，从而无不通达。

　　第八，"二谛三谛异"。空宗只说二谛，性宗则摄受
一切性相以及自体，总共说三谛。以因缘和合而生起
"色"等各类事物为俗谛；以因缘和合没有独立自体、一
切事物本质是空为真谛；又以真心之体既非空又非色，
既能为空又能为色为中道第一义谛。

　　第九，"三性空有异"。空宗说有，指遍计所执、依

他起；说无，指圆成实。性宗则以上述三者都具有空、有的意义："遍计所执"为情有而理无，"依他起"为相有而性无，"圆成实"则情无而理有。

第十，"佛德空有异"。空宗说佛以空为性德，没有别的，这叫作菩提智慧。性宗认为，所有佛的自体，都具有常乐我净四德、十身、十智以及无尽相好。心性本来具备，不必等待机缘而有。

综上所述，空宗与性宗十个方面的差别历然分明，它们都各行其是，互不统一。所以，必须首先就三种佛教来印证三宗禅心，然后达到禅、教共无，佛、心同灭。同灭则念念都是佛，无一念而不是佛心；共无则句句都是禅，无一句而不是禅教。这样，听说"泯绝无寄"，便自然知道那是破"我"的情执；听说"息妄修心"，便自然知道那是断"我"的烦恼余习。妄执疑情破除则真性显示，这样，泯绝便是显性之宗；烦恼余习断尽则佛道成就，这样，修心便是成佛之行。

顿悟与渐修相互彰显，空与有互为成就。倘若能作这样的圆融通达认识，那么，为他人而说，无非是良方；听他人说，则无非是妙药。药与病的关系，只是在执着还是通达之间。所以古代高僧说，若是执着文字，那么字字都是疮疣；若是能于文字上融通，那么句句都是妙药。

上述所论，乃是在既依教家又依禅门的基础上，加以撮略和会，揭示了宗旨的本末，剖析了思想上的差异；比较了顿、渐的异同，进行了真、妄的和合；展开了遮、表的回互，褒贬了权、实的浅深。这真可算得上收卷教理之海的波澜，澄彻于掌中；攒聚法义之天的星象，灿然于眼前。由此而顿时消除一切疑惑，豁然而悟得妙旨。

　　倘若于心外另立境界，斗诤也就因此而触发；倘若于识上变"我"变"人"，胜负也就由此而开始。于是，人们便建立"空"而破除"有"，或尊重"有"而非毁"空"；崇奉"教"而诋毁"禅"，或推崇"禅"而排斥"教"。从而，权、实两条道路，常为障碍的原因；性、相两个派系，永作怨仇的见解。所有这些，都是因为智慧之灯火焰弱小，心性之镜光色不明，因而毕竟无法进入清净之门，踏上真实成佛大道。

卷三十五

今依《宗镜》，若约教，唯以一心而说，则何教非心？何心非教？诸经通辩，皆以一心真法界为体；如来所说十二分教，亲从大悲心[1]中之所流出。大悲心从后得智[2]，后得智从根本智[3]，根本智从清净法界流出。即是本原，更无所从。无有法离于法界而有。

《华严经》颂云："未曾有一法，得离于法性。"即一切众生迷悟本。若不迷此，即不成迷，以无颠倒执着轮回生死故。若不悟此，即不成悟，以无如法修行、证穷果故。所以真如一心，为迷悟依。

夫立教之本，无出意言，以意诠量，从言开演。故基师云："至理澄寂，是、非之论息言；般若幽玄，一、异之情绝虑。"息情虑故，非识非心；绝言论故，非声非说。法非声说，说遍尘沙；理无识心，心该法界。心该法界，斯乃"非心"作心；说遍尘沙，此亦"无说"为说。"非心"作心，心开二种；"无说"为说，说乃两门。

今依华严立"五教"，天台立"四教"乃至"八教"。且华严一心立五教，约识而论者。

第一，如小乘教，但有六识，赖耶但得其名。

第二，大乘始教，但得一分生灭之义，以其真理未能体通，但说凝然不作诸法。

第三，大乘终教，于此赖耶得理事通，体不生灭，与生灭和合，非一非异。以许真如随缘而作诸法，以阿赖耶识所熏净法，与能熏染法，各差别，故非一。能熏、所熏，但一心作，无有他，故非异。始教约法相差别门说，终教约体相相容门说。为第一义真心也，谓如来藏性；依此有诸趣等。

第四，顿教，即一切法唯一真心，差别相尽，离言绝虑，不可说也。以一切染净相尽，无有二法可以体会，故不可说。如《净名》所显，"入不二门"也。

第五，圆教，约性海④圆明，法界所起，唯一法界性⑤，起心即具十德。

注释

①**大悲心**：《起信论》所说"三心"之一。该心之起，目的在于拔除一切众生之苦。

②**后得智**：又名"后得无分别智""俗智"。属"无分别智"之一，与"根本无分别智"相对。指将"根本无分别智"证得的真理，运用于分析各类具体现象的智慧。因为它能运用"根本智"——分析事物，并在"根本智"之后发生，所以名"后得智"。

③**根本智**：又名"根本无分别智""真智"。属"无分别智"之一，与"后得无分别智"相对。是见道现观真理所得，属于全部修习过程中带有突变性质的智慧。这种智慧与所证得的真理契合为一，所以名"无分别"；又因这种智慧能成就功德，为此后按佛教观点分析种种现象奠定基础，所以名"根本"。它不必通过名言概念的中介，而由直观亲证真如获得。

④**性海**：真如的理性深广无比，犹如大海，所以名为"性海"。它是如来法身的境界。

⑤**法界性**：意为法界之性。法界又名法性，合起来

说就是"法界性"。《圆觉经》："法界性，究竟圆满遍十方。"《华严经》卷十九："若人欲了知，三世一切佛，应观法界性，一切唯心造。"

译文

现在根据本书所说，若就教家而言，仅依"一心"述论，则所有教都是心，一切心都是教。佛经中的论说，都以一心真法界为本体；如来的一切经教直接从"大悲心"中流出。大悲心从"后得智"流出，后得智从"根本智"流出，根本智从"清净法界"流出。这清净法界便是本源，更没有别的源头。没有一种事物能脱离法界而存在。

《华严经》偈颂说："未曾见有一事物，能离法界而存在。"这是一切众生迷妄和觉悟的根本。如果对这一思想不生疑惑的话，那么他就会得到解脱，因为他不再颠倒执着、轮回生死了。若是对这一思想不能觉悟的话，他就无法成就佛道，因为他没有按照佛法展开修行，证入佛果。所以，真如一心是迷悟的根本。

立教的依据，在于意思和语言，即用意思来衡量，以语言来开演。所以窥基法师说："至理清澄寂静，'是''非'方面的言论消歇；般若幽深玄远，'一''异'方面的情虑断绝。"因为息灭情虑，所以既非"识"也非"心"；因为断绝言论，所以既非"声"也非"说"。佛法虽不属声音、言说，但言说周遍尘沙；至理虽不属唯识或一心，但一心备尽法界。一心备尽法界，这就是以"非心"而作心；言说周遍尘沙，这也就是以"无说"而为说。以"非心"而作心，则心可以分为两种；以"无说"而为说，则说可以分为两门。

现在依据华严宗所建立的"五教"，以及天台宗所建立的"四教"乃至"八教"的判教来讨论。华严宗以"一心"而立"五教"，是就识上来进行分判的。它们是：

第一，小乘教，只说六识，不说阿赖耶识。

第二，大乘始教，只说自体分上事物的生灭变化；因为它未能通达真理，所以只说真理凝然不作用于万物。

第三，大乘终教，在阿赖耶识上得理事圆通，其本体不生不灭，却又与生灭现象和合，生灭与不生灭既非一也非异。因为它主张真如随顺众缘而生起一切现象，以阿赖耶识中所熏的净法与能熏的染法各有差别，所以不是"一"。但是无论"能熏"还是"所熏"，都只是一心的作用，所以也并非"异"。以上大乘始教是就现象的差别上说的，而大乘终教则是就本体与现象的相容上说的。这说的是究竟真心，它也就是如来藏性；依据如来藏性便有种种趣向。

第四，顿教，认为一切现象归于唯一真心，没有任何差别之相，离绝言语和思虑，不可言说。因为一切染净之相都无，没有可分别认识的事物，所以不可言说。比如《维摩经》所显示的"入不二法门"。

第五，圆教，认为性海圆通光明，法界所生起的只是法界性，究竟圆满遍于十方。这法界性也就是唯心，所以，一起心便具足十种功德。

原典

问：云何一心，约就诸教，得有如是差别义耶？

答：约法通收，由此甚深；所起一心，具五义门；随以一行，摄化众生。一、小乘摄"义从名"门；二、始教摄"理从事"门；三、终教"理事无碍"门；四、顿教"事尽理显"门；五、圆教"性海具德"门。五义相显，唯一心转。

为对治染法。对治有五。

一者小乘教，即对治外道，不依因缘，起自然执。

二者初教，即对治小乘，由于因缘有，执已前总名"有为缘起"①。

三者终教，即对治初教，一切诸法无常、苦空、无我，执此名"无为缘起"②；由真如随缘，名为无为缘起。

四者顿教，即对治终教，念念纷纷，起有言说。即自体缘起，穷源尽性；一念不生，故为"自体"。

五者圆教，即对治顿教，寂默言说，心行处灭③，一切归寂源；不能"一即一切，一切即一"，自在等此。法界缘起④，动静具足，故名"性起"。圆融无碍，取舍都尽，即三毒即佛。

故若小乘，虽随起对治，唯知第六识，不知由心有诸法。故言"心"者，即八识心王。又小乘不知常乐我净，心万法主，故不可得，故如虚空，故不可治。虽有如是法，以不知所因故，不知由心有万法故，不觉心源故，唯取小果，皆灭色取空。若不灭色取空，知"色即是空"，即得入初教。

次初教人，如上诸次第所起法，皆言识变有，识外不有。"识"者，即第八识。约识性亦不可得。才证此心，即知诸法因缘生，缘生无自性。

次终教人云，一切诸法不出一心。是一心譬如大海湿性，依一心，所有诸法如大海波澜，虽摄波入水而不减波浪，虽波澜纷纷起而不减寂水。如是，虽摄万境入一心而不减万境，虽万境纷纷起而不减一心。何以故？一心所有故。是故"真"该"妄"末，"妄"达"真"源；性相融通，本末平等。虽自性无生，不失业果；虽不失业果，自性无生。虽得一心，不得无尽，故不得重重，故名"一实谛"。自此以前诸教，依渐次阶位，即名"渐教"。

次顿教者，一念不生，即是佛也。何以故？一切诸法，从本以来，常自寂灭相。下自众生，上尽诸佛，一切所作事，不遗一毛，诸皆如梦。故成佛、度生，犹此梦摄。不明一中多，多中一；一即多，多即一等。

次圆教所明，以"十十无尽"⑤显其义，以"十十重重"⑥辩其相。随举为主，万法为伴，由主不防伴，伴不防主，俱周遍法界。

注释

①**有为缘起**：有为，意思是有造作的功能，能生灭变化。缘起，因缘而起。指因缘和合所生起的事物，都是有为法。

②**无为缘起**：无为，指不是由因缘和合形成，无生灭变化的绝对存在，即无为法；缘起，随缘而起。无为缘起，指由真如随缘而起的无为法。

③**心行处灭**：至极的真理，于心念之处寂灭而不可思念。心行，即心念，因心于刹那间迁流变化，所以名"心行"。往往与"言语道断"同用，表示相似意思。言语道断，指究竟的真理，于言语之道断绝而不可表述。

这就是说，真如、法性，既不可言说，也不可思念。《摩诃止观》卷五上："言语道断，心行处灭，故名不可思议境。"

④**法界缘起**：意为世间和出世间一切现象，都由如来藏自性清净心随缘生起，也就是由真如法性随缘生起。因此也名"性起缘起"。法界缘起的结果，各种现象互为因果，相即相入，圆融无碍，处于重重无尽的联系之中，因而又名"无尽缘起"。

⑤**十十无尽**：指"十玄门"或"十玄缘起"。为华严宗基本教义之一，与"六相圆融"会通而构成"法界缘起"的中心内容。这一学说首创于智俨，称"古十玄"；完成于法藏，称"新十玄"。主要思想是，认为一切事物之间具有一种相即相入、"圆融自在"的关系，形成无穷无尽的互为条件、互相包含，且永无矛盾、圆融无间的和谐之网。"新十玄"的内容为：一、同时具足相应门；二、广狭自在无碍门；三、一多相容不同门；四、诸法相即自在门；五、隐密显了俱成门；六、微细相容安立门；七、因陀罗网境界门；八、托事显法生解门；九、十世隔法异成门；十、主伴圆明具德门。

华严宗认为，"此十门同一缘起，无碍圆融，随有一门，即具一切"（《华严经探玄记》卷一）。所以也可以说成是"十十无尽""十十重重"。

⑥十十重重：见注⑤。

译文

问：为什么这一心在不同的教派中，具有这些不同的意义呢？

答：就教法上而谈，它们的作用自在无碍；所生起的一心，具有五种意义；随便以其中一种作用，都可摄受化导众生。第一，小乘摄取义理顺从名言概念法门；第二，大乘始教摄取理体随顺事相法门；第三，大乘终教建立理事无碍法门；第四，顿教建立事尽理显法门；第五，圆教建立华严性海圆明具德法门。这五种意义相互显扬，但又都依一心而生起。

为了对治染法。对治有五种：

第一，小乘教，用以对治外道不承认因缘学说，生起事物自然而有的执着。

第二，初教，用以对治小乘。小乘说因缘和合而生起万物，从而引起执着，这种因缘而起的事物，总称为"有为缘起"。

第三，终教，用以对治初教。初教认为一切现象无常、苦空、无我，这叫作"无为缘起"；所谓"无为缘起"，是指真如随缘而起，生起无为法。

第四，顿教，用以对治终教。终教念念纷纷，生起种种言说。这是从自体上缘起，穷极根源而推尽心性；因一念不生，所以名为"自体"。

第五，圆教，用以对治顿教。顿教寂默言说，于心念之处寂灭而不作思念，一切都归于静寂之源；不能达到"一即一切，一切即一"的自在境地。圆教则主张法界缘起，认为动静一体具足，所以这种缘起又叫"性起"，即真如法性随缘生起。圆教指出，根据法界缘起说，一切都圆融无碍，无所谓取、舍，贪、嗔、痴"三毒"就是佛。

为此，小乘虽以缘起学说对治外道邪说，但只知道第六识，而不知道由心而生起万法。说到"心"，也就是指八识心王。此外，小乘不知道常、乐、我、净涅槃四德，不知道心为万法之主，心不可求得，它犹如虚空，也不可修治。虽然有圆教佛法，但小乘人不明底蕴，不懂得由心而有万法，不能觉悟心源，他们只追求小果，一味灭"色"而取"空"。如果不是灭"色"取"空"，而是懂得"色即是空"这一道理，那么就进入了初教。

其次，说到大乘初教人，他们认为，一切事物都由识所变现，没有识就没有万法。这里所说的"识"，指第八识阿赖耶识。最终就唯识性而言，也不可能得到。才证得这一心，便知道诸法由心的攀缘而生，而心攀缘所生的万物并没有自性。

再其次，大乘终教人说，一切现象都出自一心。这一心譬如大海的湿性，依于一心，则一切现象犹如大海的波澜，虽然摄受波浪于水而不稍减波浪，虽然波浪纷起而不稍减寂静之水。因此，虽然摄取万法于一心却不减少万物，虽然万物纷起却不减少一心。这是为什么？因为万物为一心所有。所以，"真"尽备妄末，"妄"达于真源；"性"与"相"圆融通达，"本"与"末"平等一际。虽然自性无生无灭，但仍有善恶果报；虽然不失善恶果报，但自性还是无生无灭。虽得一心之理，但不得无尽之事，所以不能达到重重无尽，所以称之为"一实谛"。以上几种教派，都根据阶位，逐渐修习而成，因此称作"渐教"。

现在说到顿教。顿教认为，一念不生，便是成佛。为什么？因为一切现象从本以来其本质寂灭无相。下自众生，上至诸佛，他们的一切所作所为，都犹如梦幻。所以，所谓成佛、度众生之说，也都好比由梦幻所支配。顿教人不懂得"一"中有"多"，"多"中有"一"；"一"就是"多"，"多"就是"一"等道理。

最后，圆教以"十玄无尽"显示教理，又以"十玄重重"辩明事相。随所举一方为主，十方万物为伴，主伴各自成立，又互相圆融无碍，周遍法界。

原典

问：如上所说，"重重无尽"者，且何物重重，何物无尽？何法广大，何法圆融？何法包含，何法秘密？

答：则是一切凡圣，心相重重，心性无尽；是心广大，是心圆融；是心包含，是心秘密。若无此一心为宗，则教门无一法可兴，诸佛无一字可说。既全归心旨，广备信根，圆解已周，纤疑不起。不可唯凭口说，密在心行；但以定水潜澄，慧灯转耀。若一向持文求理，执教谈宗，如入海算尘沙，仰空数星宿，终不亲见，去道尤赊。昔人云，如天地终日轰轰，不及真理。是故学人去文取理，端坐凝情，以"心眼"自看。是名专住一境，修定胜因也。

又圆教义者，本末融通，理事无碍。说真妄则凡圣昭昭而交彻，语法界则理事历历而相收；"佛知见"一偈开示而无遗，"大涅槃"一章必尽其体用。

正同《宗镜》所录法门，隐则一心无相，显则万法标形。不坏前后而同时，常居一际而前后。当舒即卷，当卷即舒。故知以教照心，以心明教，诸佛所说，悉是自心。《辅行记》引《华严经》颂云："诸佛悉了知，一切从心转；若能如是解，彼人真见佛。"《宝性论》云："有神通人见佛法灭，以大千经卷藏一尘中。"

又《华严》云："善哉！善哉！云何如来在于身中而不觉知？故明四谛、十二因缘境，八万四千法门，不出一心。"若得此意，八年广演《法华》，在乎一念；经五十劫，讵动刹那。例一代逗机，居于心性；十方佛事，宛然瞩目；乃至涅槃"三德"①，在一心中。则"大经"一部，全标方寸；无边教法，摄一刹那；千枝万叶，同宗一根；众籍群经，成诠一法。

如上所引"五味"②"八教"③"半满"④等文，然虽分判，一代时教，皆是一心融摄，一理全收。分而非"多"，聚而非"一"；散而不"异"，合而不"同"。恒沙义门，无尽宗趣，皆于一乘圆教、《宗镜》中现。

所以古德云，契之于心，然后以之为法。在心为法，形言为教。法有自相、共相，教有遮诠、表诠。故知，就事虽分，约理常合；乃至开为恒沙法门，究竟不离一心之旨。

注释

①**涅槃三德**：指《涅槃经》所说大涅槃所具的三德。它们是：法身德、般若德、解脱德。这三者又各具常、

乐、我、净四德。它们不一不异，不纵不横，如伊字三点，首罗三目，称之为"大涅槃秘密藏"。

②**五味**：佛在《大涅槃经》中说牛乳有五味，以醍醐喻《大涅槃经》。智颉在《法华玄义》卷十下，以此五味喻"五时"教判，确定如来所说一代圣教的次第。它们是：华严时如乳味，阿含时如酪味，方等时如生酥味，般若时如熟酥味，法华时如醍醐味。

③**八教**：天台宗所立的判教学说。包括"化法四教"如"化仪四教"。化法四教为：藏教、通教、别教、圆教；化仪四教为：顿教、渐教、秘密教、不定教。

④**半满**：指"半字教""满字教"。昙无谶立。半字教指小乘，以为小乘谈理未遍，如字之有半。满字教指大乘，以为大乘谈理满足，如字之圆满。《大乘义章》卷一："此二亦名大乘、小乘。半满教也，声闻藏法狭劣，名小；未穷，名半。菩萨藏法宽广，名大；圆极，名满。"

译文

问：如上所述，所谓"重重无尽"，请问这是指什么事物重重，什么事物无尽？什么事物广大，什么事物圆融？什么事物包含，什么事物秘密？

答：是指一切凡夫、圣者的"心"和"相"重重，"心"和"性"无尽；是这心广大，是这心圆融；是这心包含，是这心秘密。倘若没有以这一心为宗旨，那么，教门也就无一教法可兴，诸佛也就无一字可说。既然全归一心宗旨，从而就可广培信仰之根，完成圆通知解，不起纤毫疑惑。不可只凭口头言说，秘密在于一心的活动；只要禅定之心湛然如澄澈之水，智慧之灯自然光明。倘若始终执持文字而求取真理，滞于教门而谈论禅宗，这就好比入海算尘沙、仰天数星宿，终究难以亲身体验，距离真理更为遥远。古人说，好比天地终日轰轰然作声，却未获得真理。所以，学佛者应当去除文字而求取真理，端身正坐，凝神敛情，以观念之心向内省察。这叫作专住一境，它是修习禅定的殊胜善因。

圆教的教义，核心在于本末融通、理事无碍。说到真和妄，则凡夫与圣者相互交彻，昭然显著；语及法界，则理体与万物相互收取，明明白白。"佛知见"一偈开示无所遗漏，"大涅槃"一章说尽其体用。

正如同《宗镜录》中所录法门，隐蔽时则一心没有相状，彰显时则万物揭示形相。虽不坏前后却又同时，虽常住一际却又前后分明。当伸展之时便是收卷，当收卷之时便是伸展。因而可知，无论是以教理来观照一心，还是以一心来阐明教理，凡诸佛所说，都归结为自心。

《辅行记》引证《华严经》的偈颂说："诸佛全都了悟知解，一切都由心所支配；倘若能这样解得，那他便是真实见佛。"《宝性论》上说："有神通之人见到佛法将灭，乃以无数经卷藏于一尘之中。"

另外，《华严经》说："善哉！善哉！为什么如来就在自己身中而不能觉知？由此可以看出，无论是四谛、十二因缘，还是八万四千法门，都归于自己一心。"倘若领会了这一思想，那么，佛陀最后八年广说《法华经》，只归结为一念；而即使历经五十大劫，也未曾波动刹那瞬间。如佛陀的一生方便逗机说教，一概以心性为根本；十方佛事，好像就在眼前；乃至大涅槃所具的三德，也在一心之中。一部《涅槃经》，无非标举一心；无限的教法，摄受于一刹那；千枝万叶，同宗于一根；一切经典论著，都用以阐释一种佛法。

以上所引述的《涅槃经》"五味"说、天台宗"八教"判释，以及昙无谶"半满教"等判教学说，虽然分判了一代时教，但终究由一心融摄，由一理尽收。分散了并不为多，聚集了并非为一；散开来并不相异，合拢来并非相同。无数义理之门，无尽宗门趣旨，都在一乘圆教、《宗镜》之中显现。

所以古代高僧说，契合于心，然后以这相契之心为事物。在心为事物，以文字表现则为教。事物有自相、共相，教说则有否定、肯定。由此可知，就事物而言，可以区别，但就理体而言，则恒常相合；乃至广开无数法门，毕竟不与一心之旨相离。

卷三十六

问：如何是"顿渐四句"？

答：一、渐修顿悟；二、顿悟渐修；三、渐修渐悟；四、顿悟顿修。《楞伽经》中有四渐四顿。

或顿悟顿修，正当《宗镜》。如华严宗，取悟如日照，即解悟、证悟[①]，皆悉顿也。又如磨镜，一时遍磨，明净有渐。

今论"明"是"本明"[②]，"渐"为"圆渐"。"明"是"本明"者，恐谓拂镜非顿。明镜本来净，何用拂尘埃？此是六祖直显本性，破其渐修。今为顺经，明其渐证。随渐随明，皆"本明"矣。故云，明是本明，即无念体上自有真如，非别有"知"；"知"即心体也。

"渐"为"圆渐"者，即天台智者意。彼云，"渐渐"非"圆渐"，"圆圆"非"渐圆"。谓渐家亦有圆渐，圆家亦有渐圆。渐家渐者，如江出岷山，始于滥觞。渐家圆者，如大江千里。圆家渐者，如初入海，虽则渐深，一滴之水，已过大江，况滥觞耶？圆家圆者，如穷海涯底。故今云渐，是圆家之渐，尚过渐家之圆，况渐家之渐？

《禅源集》云：顿门有二，一、"逐机顿"③，二、"化仪顿"④。

一、"逐机顿"者，遇凡夫上根利智，直示真法，闻即顿悟，全同佛果。如《华严》中，初发心时，即得阿耨菩提⑤；《圆觉》中，观行⑥即成佛。

二、"化仪顿"者，谓佛初成道，为宿世缘熟上根之流，一时顿说性相事理、众生万惑、菩萨万行、贤圣地位、诸佛万德。"因"该"果"海，初心即得菩提；"果"彻"因"原，位满犹同菩萨。此唯《华严》一经，名为顿教。其中所说诸法，是全一心之诸法，一心是全诸法之一心。性、相圆融，一、多自在。

故知若不直了自心，岂成圆顿？随他妄学，终不成真。此《宗镜录》，是圆顿门。即之于心，了之无际，更无前后，万法同时。所以《证道歌》云："是以禅门了却心，顿入无生慈忍力。"

又若用悟而修，即是"解悟"；若因修而悟，即是"证悟"。又顿教，初如华严海会，于逝多林中，入师子嚬呻三昧⑦，大众皆顿证法界，无有别异。后乃至将欲灭度，在拘尸那城娑罗双树间，作大师子吼，显常住法，决定说言："一切众生，皆有佛性。"凡是有心，定当作佛，究竟涅槃，常乐我净；皆令安住，秘密藏⑧中。

以此教法，本从世尊一真心体流出，亦只是凡圣所依一心真体，随缘流出，展转遍一切"处"。一切众生身心⑨之中，只各于自心静念，如理思惟，即如是如是，显现于《宗镜》中，了然明白。起此无涯之一照，遍法界无际之虚空；无一尘而不被光明，凡一念而咸承照烛。斯乃般若无知之照，照岂有边；涅槃大寂之宗，宗何有尽？故如《般若无知论》云……

释曰："般若无知"者，是一论之宏纲，乃《宗镜》之大体，微妙难解，所以全引证明。夫"般若"者，是智用；"无知"者，是智体。用不离体，"知"即"无知"；体不离用，"无知"即"知"。若有知者，是取相之知，即为所知之相缚，不能遍知一切。故《论》云："夫有所知，则有所不知。"若是无相之"知"，不被所知之相碍，即能遍知一切。故《论》云："以圣心无知，故无所不知。"

以要言之，但是理事无碍，非即非离。如《论》云，"神无虑，故能独王于世表；智无知，故能玄照于事外"者，不即事也。智虽事外，未始无事；神虽世表，终日域中者，不离事也。理非即非离，如事亦然。是以理从事显，理彻于事；事因理成，事彻于理。理事交彻，般若方圆。故能有、无齐行，权、实双运。岂可执有执无，迷于圣旨乎！

所以《论》云："欲言其有，无状无名；欲言其无，圣以之灵。"何者？此"有"是不有之有，曷有其名？斯"无"是不无之无，宁亏其体？有、无但分两名，其性元一。不可以"有"为有，以"无"为无。

故《论》云："非有，故知而无知"者，以知自无性⑩，岂待亡知，然后无知乎？《论》云："非无，故无知而知"者，以无相之"知"，非同木石，"无"而失照。此灵知之性，虽无名相，寂照⑪无遗。

注释

①**解悟、证悟**：得悟的两种途径。一般认为，先悟后修为解悟，先修后悟为证悟。《宗镜录》卷三十六也说："若因悟而修即是解悟，若因修而悟即是证悟。"

②**本明**：又名"元明"。指本觉的理体清净无垢，有大智慧光明。《楞严经》卷一："由诸众生遗此本明，虽终日行而不自觉，枉入诸趣。"

③**逐机顿**：两种顿门之一。指对于上根利智者，直示真实佛法，使之闻而随即顿悟。《禅源诸诠集都序》卷三："遇凡夫上根利智，直示真法，闻即顿悟，全同佛果。"

④**化仪顿**：两种顿门之一。化仪，化导的仪式，指佛陀一生教化众生的仪式、方法。化仪顿，指佛陀以不同化导仪式，为上根者宣说不同教说，使之一时顿证菩提，入菩萨果位。《禅源诸诠集都序》卷三："佛初成道，为宿世缘熟上根之流，一时顿说性相理事、众生万惑、菩萨万行、贤圣地位、诸佛万德。因该果海，初心即得菩提；果彻因源，位满犹称菩萨。"

⑤**阿耨菩提**：即"阿耨多罗三藐三菩提"。意为"无上正等正觉"。指那种能够觉知一切真理，并能如实了知一切事物，从而达到无所不知的智慧。这种智慧只有佛才具有，是超人的。《大智度论》卷八十五："唯佛一人智慧为阿耨多罗三藐三菩提。"大乘菩萨行的全部内容，就在成就这种觉悟。

⑥**观行**：以心观照真理并依此而展开实践。

⑦**师子嚬呻三昧**：即"师子奋迅三昧"。《华严经疏

钞》卷六十："频中奋迅，俱是展舒四体通畅之状。"当师子奋迅时，开展诸根，身毛全部直立，现出威怒吼哮的形相。佛入这一三昧，则奋起大悲法界之身，展开大悲根门，现示应机之威，使外道、二乘小兽慑伏，因而名"师子奋迅三昧"。

⑧**秘密藏**：意为秘密的法藏。秘密，指甚深奥秘的教义，以及佛的境界，绝非凡夫所能了知，也不会向一般根器者公开示说。藏，法藏，指佛教经典。

⑨**身心**：有情的正报。构成众生的"五蕴"之中，色蕴指向"身"；受、想、行、识四蕴指向"心"。

⑩**无性**：性，体的意思。无性，指一切事物没有实体，处于永恒的生灭变化中。《法华经》："知诸法常无性。"

⑪**寂照**：寂，指真如之体；照，指真智之用。体用双举，名为寂照。

译文

问："顿渐四句"指的是什么？

答：第一，渐修顿悟；第二，顿悟渐修；第三，渐修渐悟；第四，顿悟顿修。《楞伽经》里面说到"四渐四顿"。

或说顿悟顿修，正相当于《宗镜录》。比如华严宗，求得觉悟犹如日出而光明遍照，无论是"解悟"还是"证悟"，凡悟都是顿。又比如磨镜，一时遍磨，但明净有渐。

现在要说的是，"明"是"本觉光明"，"渐"是"圆通之渐"。所谓"明"是"本觉光明"，恐怕是指拂镜并非顿悟。明镜本来清净，又何须拂拭尘埃？这是六祖惠能直显众生本性，破除他们渐修的思想。现在为了顺应经典所说，阐明渐证。随着渐证而随之光明觉悟，这实际上都出自本觉光明。所以说，"明"是"本觉光明"，也就是无念本体上自有真正的"知"，并非另外还有什么"知"；这一"知"也就是心体。

所谓"渐"是"圆通之渐"，乃是天台智顗的思想。他认为，逐渐的"渐"并非是"圆渐"，圆通的"圆"并非是"渐圆"。意思是说，渐修者也有圆通的渐修，而圆通者也有渐修的圆通。渐修者的"渐"，犹如大江发源于岷山，其源头十分细小。渐修者的"圆"，则好比大江千里浩瀚奔流。圆通者的"渐"，犹如江水入海，虽说起初尚浅，但此时的一滴水，已胜过大江之水，更何况细小源头之水？圆通者的"圆"，则好比江水已入于大海的最深处。所以，这里所说的"渐"，是圆通者的"渐"，它业已胜过渐修者的"圆"，更不用说渐修者的"渐"。

《禅源诸诠集都序》说：顿门有两种，一是"逐机顿"，二是"化仪顿"。

第一，所谓"逐机顿"，是说遇到凡夫中的上根利智者，直示真实的佛法，使之闻而随即顿悟，全然等同于佛果。如同《华严经》中所说，当人初发求菩提之心时，便获得阿耨多罗三藐三菩提；又如同《圆觉经》中所说，以心观照真理并依此而实践，便是成佛。

第二，所谓"化仪顿"，是说佛在最初成道时，为宿世缘熟的上等根机者，一时顿说性相和事理、众生的一切烦恼、菩萨的一切修行、贤圣的阶级地位、诸佛的一切功德。"因"里面包容着"果"，所以初发求菩提之心时，随即获得菩提；"果"里面彻透着"因"，修尽阶位仍等同于菩萨。只有《华严经》这一部经，才可以称作"顿教"。《华严经》所说的一切现象，是一心所缘起的现象，而一心又是一切现象所会归的一心。这里，"性"与"相"圆融无碍，"一"与"多"自在通达。

所以，应当懂得，倘若不能直接了悟自心，怎么能成就圆通顿悟？随顺它说而胡乱修学，终究难以达到真理。这一部《宗镜录》，说的是圆通顿悟法门。这一圆顿法门，相即于自心，了达它则无边无际，更无前后可言，万法同时由此而显现。所以《永嘉证道歌》说："由此而以禅门了却之心，顿入无生无灭的慈悲、忍辱境界。"

此外，若是先悟而后修，这叫作"解悟"；若是先修而后悟，这叫作"证悟"。再者，关于顿教，最初如在讲赞《华严经》的盛大法会上，于逝多林中，佛入师子奋迅三昧，与会大众也都顿时证得法界，没有例外。后来，及至佛将灭度之时，在拘尸那城的娑罗双树之间，作大师子吼，显示万法无生灭变化的原理，十分肯定地说："一切众生，皆有佛性。"凡有"心"的众生，定然会成佛，毕竟入涅槃，得常、乐、我、净境界，并使之安住于甚深秘密的法藏之中。

这种教法，本来就是从世尊真实心体中流出，这一真实心体也是凡夫和圣者所依的一心真体，它随顺机缘而流出，辗转而遍及一切处（十二处）。一切众生的身心之中，只要在各自心中静念，加以如实思惟，便一一如此这般显现于《宗镜》之中，了然清楚明白。一旦生起这种无涯的真如妙用，便能周遍法界无边的虚空；无一尘而不广被光明，每一念都蒙受它的照耀。这说明，般若无知的妙用，妙用没有边际；涅槃寂静的宗旨，宗旨哪有尽头？所以，就像《般若无知论》所说的……

对这段话的解释如下："般若无知"，这是《般若无知论》的宏大纲要，也是《宗镜录》的主题，其思想微妙难解，所以全文加以引用，作为对它的证明。所谓"般若"，乃是智慧之用；"无知"，则是智慧之体。因为功用不离本体，所以"知"就是"无知"；又因为本体不离功用，所以"无知"也就是"知"。倘若说有知识，那是指摄取事物形相的知识，所以要受到所知道的形相的束缚，不能普遍知道一切。所以《论》中说："有所知，就会有所不知。"倘若是真如实相的"知"，就不会受所知事物形相的妨碍，就能普遍知道一切。所以《论》中说："因为圣人之心无知，所以无所不知。"

概括地说，只要理事无碍，非相即也非相离。如《论》中写道："因为精神无所思虑，所以能独自成为世外之王；因为智慧无知，所以能于事物之外产生玄远的作用。"这是指不与事物相即。智慧虽然超然事外，却并非不与事物发生联系；精神虽然处于世外，却终日不离域中，这是因为它们不脱离事物。理体与事物既非相即也非相离，事物与理体也是这样。所以，理因事而得以彰显，理贯通于事；事因理而得以形成，事也贯通于理。理与事相互交彻，般若运用自如。所以能有、无齐行，权、实双运。怎么能或执着于有、或执着于无，于圣者的旨意产生迷妄呢？

所以《论》中说："要说般若是有，但它既无形相又无名言；要说般若是无，但圣者又给予了它以特殊的功能。"为什么？因为这"有"是没有的有，所以哪来的名言？又因为这"无"是非无的无，何曾欠少了它的本体？

"有"与"无"虽然是两个不同的名言概念，但它们的性体则是同一个。既不可以"有"为真有，也不可以"无"为真无。

所以《论》中说："因为是非有，所以虽有知识，却又是无知。"这是因为知识本身就没有实体，何须等到失去了这种知识，然后才无知呢?《论》中说："因为是非无，所以无知而又知道一切。"这是因为真如实相的"知"，它不同于木石之类，因为"无"而失去观照功能。它所具备的灵知灵觉的本性，虽然没有名言相貌，却能寂照一切而无一遗漏。

卷四十三

原典

夫初祖西来，唯传"一心"之法。二祖求缘虑不安之心不得，即知唯一真心，圆成周遍。当下言思道断，达摩印可，遂得祖印大行，迄至今日。云何着于言说，违背自宗？义学^①三乘，自有阶等？

答：前标宗门中，已唯提大旨。若决定信入，正解无差，则举一例诸，言思路绝。窃见今时学者，唯在意思，多着言说。但云心外无法，念念常随境生；唯知口说于"空"，步步恒游于"有"；只总举"心"之名字，微细行相^②不知；若论无量法门，广说穷劫不尽。今所录者，为成前义，终无别旨，妄有披陈。

此一心法门，是凡圣之本，若不先明行相，何以深究根原？故须"三量"^③定其是非，真修匪滥；"四分"^④成其体用，正理无亏。然后十因^⑤、四缘^⑥，辩染净之生处，三报^⑦、五果^⑧，鉴真俗之所归。则能斥小除邪，刳情破执。

遂乃护法菩萨，正义圆明，西天大行。教传此土，佛日沉而再朗，慧云散而重生。遂得心境融通，自他交彻；不一不异，触境冥宗；非有非空，随缘合道。若不达"三量"，真妄何分；若不知"四分"，体用俱失。

注释

①**义学**：佛教中讲究（偏重）义理之学的派系。如俱舍学、唯识学等建立名数，阐述因果阶位。《释氏稽古略》卷四："两街止是南山律部；慈恩、贤首之疏钞，义学而已。士大夫聪明超轶者，皆厌闻名相因果。"

②**行相**：指心识各自所具的固有性能。心识以各自的性能，作用于外境之上，又作用于所对事物的相状上。《成唯识论》卷二："识以了别为行相。"

③**三量**：量，是尺度、标准的意思，指知识来源、

认识形式以及判定知识真伪的标准。三量，指现量、比量、圣教量。现量指感觉，是感觉器官对于事物个别属性的直接反映，尚未加入概念的思惟分别活动，不能用语言表述。比量是在现量的基础上，以一定的理由和事例为根据，由已知推论未知的思惟和论证形式。圣教量则是以本派系所尊奉的经典作为正确知识的来源或标准。

④**四分**：瑜伽行派和法相唯识宗的认识学说。分，是分限差别的意思；四分，指八识中每一识的四种作用。它们是：相分，指所缘的境，即认识对象；见分，是与相分对待的识能够认识的部分，具有对相分进行思虑、分别的能力；自证分，指证知见分的认识能力，是见分的见证者；证自证分，是自证分的再证知能力。

⑤**十因**：指说明一切物质现象和精神现象得以产生的十种原因。它们是：随说因、观待因、牵引因、生起因、摄受因、引发因、定异因、同事因、相违因、不相违因。这十因以谷物从种子到成熟作譬喻，说明阿赖耶识种子在生起世界各种现象和支配人的各种活动中的决定作用，以及轮回业报的必然性。

⑥**四缘**：指一切有为法所借以生起的四类条件，概括说明一切因缘。它们是：因缘、等无间缘、所缘缘、增上缘。

⑦**三报**：指三种果报。它们是：现报，依现在的业

而受于现在的果报；生报，依这一生的业而受于来生的果报；后报，由作业的这一生经二生以上才受取的果报。

⑧**五果**：因果关系中与"因"相对的部分称为"果"。五果指：异熟果，指由前生善恶等行为所招致的苦、乐等果报；等流果，指由前面的善恶而生起后面的善恶，后者的果在道德性质上与前者的因相同；离系果，指经过修习而断绝一切烦恼所得的最高结果——"涅槃"；士用果，指人们使用工具所造作的各类事情，实指"俱有因、同类因"所引起之果，因其力强，故称为士用果；增上果，指上述四果之外的一切结果。

译文

禅宗初祖菩提达摩自印度来华，只是传授"一心"法门。二祖慧可求攀缘思虑不安定之心未能获得，便知只有一种真实之心，它圆满成就而周遍一切。当下他就断绝言说和思想，证得究竟真理，受达摩的印可，从而使一心法门盛行于世，直至今日。请问：你为什么却要执着于言说，违背禅宗之旨？又请问：三乘义理之学，难道还自有阶等？

答：在前面标举宗旨的部分中，已经提及本书大旨。如果能决定信入我这《宗镜录》所说，并且给以正确理解，那么，随意举出一例，便可断绝言说和思想，达成正觉。我发现，当今的学佛者，只重思量分别，多执着于言说。他们口头上说"心外无法"，但每一杂念总随顺外境而生起；只是嘴上说"万法皆空"，但每一作为都受"有"的支配；又只会总举"一心"名字，而于心识的各类性能却一概不知；若是谈及无量法门，则又唠唠叨叨没完没了。这里我所集录的，正是为了成就前面标举的宗旨，没有任何别的旨意敢妄作陈述。

这一心法门，乃是凡夫和圣者的根本，若是不首先弄明白心识的各类性能，又怎么能深究佛法的根源呢？所以需要以现量、比量、圣教量这"三量"来判断是非，展开契合于真如的无心无作的修行；又需要以相分、见分、自证分、证自证分这"四分"来成就体用，达到最为真实的认识。然后再以"十因""四缘"，辨明染、净之法的生起处；以"三报""五果"，审察真、俗事理的所归。这样，就能排斥小乘，去除邪伪；剔尽情见，破除执着。

于是，达摩波罗菩萨深入阐明瑜伽学派唯识之旨，广泛传播于印度。这一瑜伽唯识之学传入中国，遂使已经西沉的佛教太阳再度明亮，已经消散的智慧祥云再度生起。由此而获得自心与外境的融通，自身与他物的交彻；既不一也不异，一旦与外境接触便冥合宗旨；既非有也非空，随顺机缘而与真如相合。若是未能通晓"三量"，怎么去区分真实和虚妄？若是不懂得"四分"，理体和功用都将不复存在。

原典

问：何不依自禅宗，蹑玄学正路，但一切处无着，放旷任缘，无作无修，自然合道？何必拘怀局志，徇义迷文？可谓弃静求喧，厌同好异。

答：近代相承，不看古教，唯专己见，不合圆诠。或称悟而意解情传，设得定而守愚暗证。所以后学讹谬，不禀师承。先圣教中，已一一推破，如云"一切处无着"者。是以阿难悬知末法皆堕此愚，于"楞严会"中示疑起执，无上觉王以亲诃破。

《首楞严经》云，阿难白佛言："世尊，我昔见佛与大目连、须菩提、富楼那、舍利佛四大弟子共转法轮，常言觉知、分别、心性，既不在内，亦不在外，不在中间，俱无所在。一切无着，名之为'心'。则我无着，名为心不？"

佛告阿难："汝言觉知、分别、心性，俱无在者，世间、虚空，水陆飞行，诸所物像，名为一切，汝不着者，为有为无？无则同于龟毛兔角。云何不着？有不着者，不可名无；无相则无，非无则相；相有则在，云何无着？是故应知，一切无着，名觉知心，无有是处。"

又所言放旷任缘者，于《圆觉》①中犹是"四病"②之数。离四病者，则知清净。作是观者，名为正观。若他观者，名为邪观。

如上所说，不唯作无着、任缘之解，堕于邪观，乃至起寂然冥合之心，皆存"意地"③。如有学人问忠国师云："不作意时，得寂然不?"答："若见寂然，即是作意。"所以意根难出，动静皆落法尘④。

故知并是执见。修禅说病为法，如蒸砂作饭，缘木求鱼，费力劳功，枉经尘劫。且经中佛语，幽玄则义语非文，不同众生情见，粗浮乃文语非义。

又若执任缘无着之事，尽落邪观；得悉檀方便之门，皆成正教。是以药病难辩，取舍俱非。但且直悟自心，自然言思道断，境智齐泯，人法俱空。

注释

①**圆觉**：意为圆满的灵觉。一切有情都有本觉，有真心，自无始以来常住清净，昭昭不昧，了了常知。就体而言，名为一心；就因而言，名为如来藏；就果而言，名为圆觉。佛为使众生证此圆觉，说了《圆觉经》。《圆

觉经》："善男子，无上法王有大陀罗尼门，名为圆觉，流出一切清净、真如、菩提、涅槃及波罗蜜，教授菩萨。"

②**四病：**《圆觉经》所说众生在求取圆觉过程中的四种病。它们是：作病、任病、止病、灭病。

③**意地：**意，指第六识意识；它是前五识的共同依据，也是产生万物的场处，所以叫作"地"。

④**法尘：**六尘之一。一切事物为第六意识所攀缘，名为法尘。

译文

问：为什么不依据禅宗，追踪佛学正路，只要于一切场合无所执着，放旷随缘，自由任运，没有造作，也不用修习，便自然契合真如实相？何必要将自己的志向加以拘束，曲从义理、迷于文字？这样做，可以说是抛弃清静而追求喧闹，厌离相同而喜爱差异。

答：近代以来，禅门师徒相承，不看经典，专爱执持一己的见解，不能契合圆通的阐释。有的自称觉悟却未摆脱意解情执，即使得了所谓"三昧"，其实也不过是固守愚昧而胡乱印证。所以后学之辈难免不生讹谬，不能禀受达摩所传一心法门。这些情况，早在先圣的教说中已一一被破斥，比如说"于一切场合无所执着"这句话。所以，阿难遥知末法到来时，都将堕入这种愚暗之中，于是在"楞严法会"上，他故意示现疑惑、生起执着，释迦牟尼佛便亲自加以破斥。

《首楞严经》上记载说，阿难对佛说："世尊，我过去看到佛与大目犍连、须菩提、富楼那、舍利弗四大弟子共转法轮。他们常说，觉知、分别、心性，既不在内，也不在外，也不在中间，都无所在之处。一切处都无所执着，名之为'心'。那么，我也无所执着，能名之为心吗？"

佛告诉阿难说："你说觉知、分别、心性都无所在之处，凡是世间、虚空以及所有水陆飞行的物类，可以称之为一切；你若不执着，那么这些是属于'有'还是'无'？如果说是'无'，那它们就等同于龟毛兔角。什么叫作不执着？有不执着，不可以称作无；无形相才是无，不是无则是有形相；有形相则表明有所在之处，怎能说是无执着？所以，应当明白，把一切无所执着称作觉知之心，这绝非正确的认识。"

又所谓放旷随缘、自由任运，这在《圆觉经》中尚且被列为"四病"之一。脱离这"四病"，就知道了清净。能作这样的观察思惟，才称得上是"正观"。若不是作这样的观察，则称为"邪观"。

根据以上所说，不光是在作"无着""任缘"的见解时，堕入错误的观察思惟，乃至即使生起寂然与真如冥合的心性活动，也都是在保留引发万物的"意地"。比如，有禅者问慧忠国师："不使心警觉以引起活动时，能获得寂静默然吗？"国师回答说："若是见到寂静默然，便是使心警觉，引起活动。"所以意根难出，凡有所动静，都将落入"法尘"。

由此可知，这些都是执持己心而生的错误认识。修习禅学的人把疾病当作佛法，这就好似蒸砂做饭或缘木求鱼，费尽气力，枉自经历无尽劫难。况且经典中佛的言论，要是幽深玄微了，则说理的语句就没有辞采，它就无法适应众生的妄情所见；要是粗浅浮乏了，则富有辞采的语句也就难以说出什么道理来。

再者，若是执着于随顺机缘、无所染着，那么他就将全部落入邪伪之见；相反，当得到成就方便法门时，他所说的定然会完全契合正理。所以，药与病一时难辨，取与舍都不允许。关键是只要直下觉悟自心，那么自然会断绝言语、思虑，达到外境和智慧一齐泯寂，自身和万物同归虚空。

2　问答章

卷六十一

原典

　　夫"一心"妙门，"唯识"正理，能变所变，内外皆通。举一例诸收无不尽，如众星列宿匪离于空，万木群萌咸归于地。则可以拔疑根而开信户，朗智照而洗情尘。若机思迟回，未成胜解，须凭问答，渐入圆通。真金尚假锻炼而成，美玉犹仗琢磨而出。

　　《华严私记》云："正念思惟其深法门者，有二种人，能枯十二因缘大树。一者温故不忘，二者咨受新法。"此之谓也。

"一心"妙门,"唯识"正理,能变、所变、内外都能通达。举一例便可收尽一切,如同众星列宿布满于天空,万木众生全归于大地。由此,可以拔除疑念的深根而打开信心的大门,发挥智慧的妙用而洗涤妄情的尘垢。倘若思惟迟缓,未能成就当下印可,则应凭借问答,逐渐实现圆满通达认识。真金尚需借助锻炼而成,美玉还得依靠琢磨而就。

《华严经私记》中说:"凡正确思惟深奥法门的,有两种人,他们能割断十二因缘相互联系的链条,获得解脱。一种是温故而不忘的人,另一种是咨受新法的人。"

原典

问:心法不可思议,离言、自性。云何广兴问答,横剖义宗?

答:然理唯一心,事收万法。若不初穷旨趣,何以得知觉原?今时不到之者,皆是谬解粗浮,正信力薄。玄关①绵密,岂情识之能通;大旨希夷,非一期之所入。若乃未到如来之地,焉能顿悟众生之心?今因自力未到之人,少为开示,全凭佛语,以印凡心。凭佛语以契同,渺然无际；印凡心而不异，豁尔归宗。

又有二义须说。一、若不言说，则不能为他说，一切法离言、自性。即说无说，说与不说，性无二故。又此宗但论见性亲证，非在文诠；为破情尘，助生正信。若随语生见，执解依通②，则实语是虚妄，生语见故。若因教照心，唯在得意，则虚妄是实语，除邪执故。

《起信论》云："当知一切诸法，从本已来非色非心，非智非识，非无非有，毕竟皆是不可说相。"所有言说示教之者，皆是如来善巧方便，假以言语引导众生，令舍文字，入于真实。若随言执义，增妄分别，不生实智，不得涅槃。

又若文字显总持③，因言而悟道，但依义而不依语，得意而不徇文，则与正理不违，何关语默。故《大般若经》云："若顺文字，不违正理，常无诤论，名护正法。"

注释

①玄关：出入玄旨的关门，也就是进入佛道之门。《文选》南朝齐王简栖（山）《头陀寺碑》："于是玄关幽键，感而遂通。"白居易《宿竹阁》诗："无劳别修道，即此是玄关。"

②依通：神通力的一种。依凭药力、咒术等而显现

的神通作用。

③**总持**：梵语"陀罗尼"的意译。意思是持善不失，持恶不生，无有漏忌。菩萨所修的念、定、慧具备这一功德。《维摩经·佛国品》："心常安住，无碍解脱，念定总持，辩才不断。"

译文

问：心法不可思议，它与言辞无关，脱离自性。为什么还要广泛展开问答，详细剖析义理？

答：理体只是指一心，事相则包括万物。倘若不于开始时穷究佛学旨趣，怎么能得知觉悟的根源？如今之所以尚未达到觉悟，都是因为枉自谬解，粗浅浮乏，正确信仰佛法的力量浅薄。佛道之门绵密深邃，绝非情识所能通达；真如实相视而不见、听而不闻，并非一期人生所能洞入。如若自己尚未达于如来境界，又怎能顿悟众生之心呢？现在，我就是要为那些依靠自力而仍未觉悟的人，作一些必要的开示，完全通过佛的教导，来印证凡夫之心。凭借佛的言教来达到觉悟，其境界深远无际；依据佛的言教来印证凡夫之心，凡夫之心通达而归于真如。

此外，还有两种意义需要申述。第一，若是不作言说，就不能为他人作开示，说一切事物脱离语言文字、脱离自性。第二，言说就是无言说，言说与无言说，本质没有什么不同。再则，禅宗只论见性亲证，不在文字语言，其目的是为了破除妄情尘垢，帮助生起正确的佛教信仰。倘若随顺文字语言而生起错误认识，执持见解而显现神通，那么，本来真实之语便成了虚妄之语，这是因为有了对语言文字的执着。若是因言教而观照心性，目的只在求其玄意，那么，虚妄之语也就成为真实之语，这是因为除却了邪伪之执。

《大乘起信论》上说："应该明白，一切事物从本以来既非物质也非精神，既非智慧也非心识，既非无也非有，毕竟都是不可言说的相状。"所有的言说教导，都是如来所设善巧方便，借助于语言文字来化导众生；最终使他们舍却文字，达于真实。如果随顺言辞、执着意思，那样的话，只会增长虚妄分别见解，不能生起达于佛、菩萨实理的智慧，不能得到涅槃。

又如果文字显示持善不失、持恶不起，因文字而悟得真理，只依文字的意义而不依文字本身，得文字的玄义而不曲从文字，那样的话，也就与真正的佛理不相违背，又何必一定要沉默不语呢？所以《大般若经》说："若是顺应文字所说，与真正的佛理不相违背，不再生起受烦恼支配的诤论，这叫作护持佛的正法。"

原典

问：山河、大地，一一皆宗；五性^①、三乘，人人是佛。何须《宗镜》，强立异端？

答：诸佛凡敷教迹，不为已知者言；祖师直指人心，只为未明者说。今之所录，但示初机，令顿悟圆宗，不迂小径。若不得"宗镜"之广照，何由鉴自性之幽深；匪因智慧之光，岂破愚痴之阇？如临古镜，妍丑自分；若遇斯宗，真伪可鉴。岂有日出而不照，燃灯而不明者乎？故《华严记》中述十种"法明"^②。"法"即是境，"明"即是心。以智慧明照二谛法，故云"法明"。

是知因教明宗，非无所以；从缘入道，终不唐捐；方便之门，不可暂废。又夫《宗镜》中，才说一字，便是谈宗，更无前后；以说时有异，理且无差。如《智度论》云，先分别诸法，后说毕竟空。然但说之前后，法乃同时；文不顿书，"空"非渐次。

注释

①**五性**：又名"五种姓"。瑜伽行派和法相唯识宗认为，众生先天具有的本性有五种，由阿赖耶识中的种子决定，不可改变。它们是：菩萨定性、独觉定性、声闻

定性、三乘不定性、无性有情。前三种统称"三乘"，一定会相应达到菩萨（或佛）、辟支佛、阿罗汉的果位；第四种具有三乘本有种子，但究竟会达到什么果位，还不一定；第五种则永远沉沦生死苦海。

②**法明**：众生本具的清净之心，能生起大慧光明，照明一切事物性相。《大日经疏》卷一："法明者，以觉心本不生际，其心净住，生大慧光明，善照无量法性。"这一法明乃是得入圣道的关键。

译文

问：山河大地，一一都是宗旨；五性、三乘，人人都是佛。何必要由《宗镜录》强自建立异端？

答：诸佛所施设的教法踪迹，不是为已知者而说的；祖师所提倡的直指人心，只是为未明者而言。这里所集录的言论，主要用以开示初机之人，教他们顿悟圆宗，不迁回于小径。倘若没有"宗镜"的广照，怎能审察自性的幽深；不是因为智慧的光芒，又怎能破除愚痴的阇昧？这好比面对古镜，妍丑自分；若是遇到这一宗旨，则真伪便清楚照现。哪有日出而不照耀大地，燃灯而不明亮四方的道理？所以《华严记》中叙述了十种"法明"。"法"就是外境，"明"就是自心。因为能以智慧照明真、俗二谛，所以名之为"法明"。

由此而知，因教而明宗，并非没有缘由；通过机缘而入佛道，最终功不虚弃；善巧方便之门，毕竟不可暂废。同时，《宗镜录》中，才说一个字，便是在谈论宗门，无前后可言；虽然所说内容有不同，但其本质没有差别。这好比《大智度论》所说的：先分别各类事物，然后再说毕竟空的道理。只是言说有前后，佛法本身无前后；文章不能刹那写就，"空"却并非渐次而成。

原典

问：但云方便，说则无妨；若约正宗，有言伤旨。

答：我此圆宗，情解不及，岂同执方便教人，空有不融通，体用两分，理事成隔？说"常住"①则成常见②，说"无常"③则归断灭；斥"边"则成边执，存"中"则着中理。

今此圆融之旨，无碍之宗，说"常"则"无常"之常，说"无常"则"常"之无常；言"空"则"不空"之空，言"有"则"幻有"之有；谈"边"则"即中"之边，谈"中"则"不但"④之中；立"理"则"成事"之理，立"事"则"显理"之事。是以卷舒在我，隐显同时；说不乖于无说，无说不乖于说。

《宝藏论》云："常空不有，常有不空；两不相待，句句皆宗。"是以圣人随有说有，随空道空；空不乖有，有不乖空。两语无病，二义双通，乃至说"我"亦不乖"无我"。何以故？不为言语所转也。

释曰："常空不有"者，常空则不因有而空；若因有而空，则成对待，以它为体。自无力故，不自在故，不得称常。"常有不空"者，亦不因空而有。则一空一切空，一有一切有。以绝待故，乃得句句皆宗也。空有既尔，法法皆然，可谓宗无不通，道无不现。

注释

①**常住**：指现象的无生灭、无变迁。有三种常住：本性常，指法身佛本性常住无生无灭；不断常，指报身佛常生起无间断；相续常，指化身佛示寂后，再度化现，无有断绝。

②**常见**：固执人的身心，以为过去、现在、未来三世都常住无间断。相当于有见、妄见。

③**无常**：指世间一切事物生灭流迁，刹那不住。有两种无常：刹那无常，指事物有刹那刹那生住异灭变化；相续无常，指一期相续之上有生住异灭四相。

④**不但**：指"不但中"。在观空、假之外，另有不二

之中，名为“但中”。这是别教的中观。观即空即假即
中，收空、假而为中，名为“不但中”。这是圆教的
中观。

译文

问：只说是善巧方便，说说倒也无妨；但若就禅门
正宗而言，有了言说，不就有伤宗旨吗？

答：我这里所立的圆宗，为妄情作解之所不及，怎
能等同于那种执持方便以教人，空有不能加以融通，将
体用断然分离、理事完全割裂的理论？他们说“常住”
时，实际上说成了“常见”，说“无常”时，则又归于
断灭；斥“边”时则造成偏于断、常二见中某一方面的
边执恶见，存“中”时则又执着于中理。

现在我这里宣说的圆融之旨、无碍之宗，说到“常”
便是指“无常”的常，说到“无常”则是指“常”的无
常；言“空”则是指“不空”的空，言“有”则是指
“幻有”的有；谈“边”则是指“即中”的边，谈“中”
则是指“不但”的中；立“理”则是指“成事”的理，
立“事”则是指“显理”的事。因而，舒展或收卷都在
于我的自由运用，隐约和显明同时；言说并不乖违无言
说，无言说也不乖违言说。

《宝藏论》指出："常空而不有，常有而不空；两者并非相互对待，句句都符合宗旨。"所以圣人随有便说有，随空便道空；空既不乖背于有，有也不乖背于空。两种说法都无错谬之处，两种含义互为融通，乃至说"我"也不乖背于"无我"学说。为什么？由于它们不为文字语言所支配。

对这段话的解释如下：所谓"常空不有"，是说常空不因有而空；若是因有而空，那么就成为空与有的对待，并以对方为自己的理体。因为自己无力用、不自在，所以也就不能称作常了。所谓"常有不空"，也是说不因空而有。从而，一空则一切皆空，一有则一切皆有。因为没有任何相互对待，所以句句都符合宗旨。空和有的关系是这样，所有事物之间的关系也是这样，这可以说是宗旨无不通畅，佛道无不显现。

3　引证章

卷九十四

　　夫所目《宗镜》，大旨焕然。前虽问答决疑，犹虑难信。上根才览，顿入总持之门；中下虽观，犹堕谤疑之地。今重为信力未深、纤疑不断者，更引大乘经一百二十本，诸祖语一百二十本，贤圣集六十本，都三百本之微言，总一佛乘之真训。可谓举一字而摄无边教海，立一理而收无尽真诠。

　　——标宗，同龙宫之遍览；重重引证，若鹫岭之亲闻。普令眠云立雪之人，坐参知识①；遂使究理探玄之者，尽入圆宗。寻古佛②之丛林③，如临皎日；履祖师之阃域，犹瞰净天。大觉④昭然，即肉眼而圆通佛眼；疑情豁尔，当凡心而显现真心。可谓现知，指法界于掌内；便同亲证，探妙旨于怀中。

注释

①**坐参知识**：丛林规定，禅僧每晚必须参住持，求其开示，称作"晚参"；而在晚参之前，大众齐集僧堂，坐禅澄心，以待晚参，则名"坐参"。知识，意为朋友，或熟悉的人；其人善，称作"善友""善知识"，其人恶，则为"恶友""恶知识"。能说法导人于善的，便是善友，所以是善知识，略称"知识"。

②**古佛**：意为古时的佛、过去世的佛，或辟支佛的别称。这里是对高僧的尊称。

③**丛林**：指佛教多数僧众聚居的寺院。意为众僧和合共住一处，如树木丛集为林。通常指禅宗寺院，所以也称"禅林"。后世也有他宗寺院仿照禅林制度而称丛林。

④**大觉**：指佛的觉悟。凡夫无觉悟，声闻、菩萨虽有觉悟而不大，唯有佛觉悟实相，彻底尽源。此外，声闻虽自觉，而不能使他觉；菩萨虽自觉又使他觉，但觉

行未圆满；唯有佛自觉、觉他都圆满。

译文

本书以《宗镜录》为标题，其要旨已经鲜明体现。前述部分虽以问答方式决断了许多疑惑不解之处，但还恐怕有人未必信入。上根之人才看一眼，便可当下无碍解脱；而中、下根机者虽然仔细读了，也许仍会堕入诽谤和怀疑的境地。所以现在要进一步为那些信仰不深、未能断除细小疑虑的人，更广泛引述大乘佛经一百二十种，各类祖师语录一百二十种，其他圣贤著作六十种，共计三百种，概括为一佛乘的真实教导。这可以说是标举一字而摄受无边教理之大海，建立一理而收取无尽的真实诠释。

这些经论，一一都标举纲要宗旨，犹如遍览龙宫宝藏；重重予以引证，好比亲闻鹫岭说法。它们能教眠云立雪的禅僧坐参知识，也能使究理探玄的学者尽入圆宗。寻访高僧辈出的丛林，如面对光辉的太阳；踏上祖师传法的门槛，似窥见明净的天空。大觉彰明，就肉眼而圆通佛眼；疑情顿开，即凡心而显现真心。这可说是"现知"，指点法界于掌心之内；也相当于"亲证"，探得玄旨于胸怀之中。

卷九十七

原典

此土初祖菩提达摩多罗，南天竺国王第三之子。常好理论，心念众生，而不识佛。又自叹曰："世有形法而易了之，唯佛心法难有会者！"

尔时，般若多罗尊者至于其国，王赐一宝珠。其珠光明，璨然殊妙。尊者见已，用珠试曰：此宝珠者，有大光明，能照于物；更有好珠，能胜此不？

菩提多罗曰：此是世宝，未得为上；于诸光中，智光为上。此是世明，未得为上；于诸明中，心明第一。

其此珠者，所有光明，不能自照，要假智光，智辩于此。既辩此已，即知是珠；既知是珠，即明其宝。若明其宝，宝不自宝；若辩其珠，珠不自珠。珠不自珠者，要假智珠而辩世珠；宝不自宝者，要假法宝以明俗宝。然则师有其道，其宝既现；众生有道，心宝亦然。

尊者异之。因出家悟道，遂行化此土。宝志识是传佛心印①观音圣人。

师述"安心法门"云：迷时人逐法，解时法逐人；解则识摄色，迷则色摄识。但有心分别，计校自心现量者，悉皆是梦。若识心寂灭，无一动念处，是名正觉②。

问：云何自心现？

答：见一切法有，有自不有，自心计作有。见一切法无，无自不无，自心计作无。乃至一切法亦如是，并是自心计作有，自心计作无。又若人造一切罪，自见己之法王③，即得解脱。若从事上得解者，气力壮；从事中见法者，即处处不失念；从文字解者，气力弱。即事即法者，深从汝种种运为，跳踉颠蹶，悉不出法界，亦不入法界。若以界入界，即是痴人。凡有所施为，终不出法界心。何以故？心体是法界故。

问：世间人种种学问，云何不得道？

答：由见"己"，故不得道。"己"者，"我"也。至人逢苦不忧，遇乐不喜，由不见己故。所以不知苦乐者，由亡己故，得至虚无。己自尚亡，更有何物而不亡也？

问：诸法既空，阿谁修道？

答：有阿谁须修道？若无阿谁，即不须修道。"阿谁"者，亦"我"也。若"无我"者，逢物不生是非。"是"者，我自是，而物非是也；"非"者，我自非，而物非非也。即心无心，是为通达佛道；即物不起见，名为达道。逢物直达，知其本原，此人慧眼开。智者任物不任己，即无取舍违顺；愚者任己不任物，即有取舍违顺。不见一物，名为"见道"④；不行一物，名为"行道"⑤。即一切处无处，即是"法处"⑥。

若见法界性，即涅槃性；无忆想分别，即是法界性。心非色，故非有；用而不废，故非无。又用而常空，故非有；空而常用，故非无。"传法偈"云："吾本来兹土，传法救迷情；一华开五叶，结果自然成。"

注释

①**佛心印**：佛心，指众生本具的一心，大觉的妙体。这一心决定不改，如同世间的印契，所以叫作"印"。达摩所创禅宗，以这一心印为根本，达到直指人心、明心见性的目的。

②**正觉**：即"三菩提"，指如来的真实智慧。《法华

玄赞》卷二："三云正，菩提云觉。"它是一切诸法的真正觉悟之智，能洞明真谛，达到大彻大悟境界。成佛也可称作"成正觉"。

③法王：佛教对释迦牟尼的尊称。《无量寿经》："佛为法王，尊超众圣，普为一切天人之师。"

④见道：佛教修行的阶位之一，与修道、无学道合称"三道"。因以无漏智现观四谛，所以名"见道"。在见道之前，一切修习都只属凡夫位，所获得的智慧是"有漏慧"。经过四善根位进入见道而升为圣者，所获得的智慧称作"无漏智"。

⑤行道：意为实行自己所知的佛道。

⑥法处：十二处之一。为意根所对的境。

译文

中土禅宗初祖菩提达摩多罗，是南印度国王的第三子。他平时喜欢探讨事物的道理，心中爱念众生，但并不熟悉佛教。他曾感叹道："世间有形的事物容易把握，唯有佛的心法很少有人领会！"

那时，般若多罗尊者来到该国，国王赏赐了他一颗宝珠。这宝珠光辉璀璨，其美无比。尊者见了宝珠，把它拿来试问王子：这颗宝珠，光辉夺目，能照耀其他东西；是否还有更好的珠宝，能胜过它？

菩提达摩回答说：这虽是稀世之宝，但并不为最；在各类光明中，智慧的光明为最。但这还是世间的光明，不能说是最；在各类光明中，心的光明为最。就这颗珠而言，所有光明，不能自照；而要借助于智慧的光明，通过智慧加以辨明。辨明之后，才可知道它是一颗珠；进而，既然知道它是一颗珠，也就明白了它是宝。若明白了它是宝，那么这宝并非自己成为宝，若辨清了它是一颗珠，那么这珠也并非自己成为珠。珠既然并非自己成为珠，那就要借助智慧之珠来分辨世俗之珠；宝既然并非自己成为宝，那也就要借助法宝来辨明俗宝。那么，老师因为把握了佛法，所以这珠宝出现在你面前；若是众生得了佛法，心宝也同样会显现。

尊者对他的这番话深为惊异。于是，达摩就出了家，悟得了佛道，广行教化于中土。宝志禅师认为他就是传授佛心印的观音菩萨的化身。

达摩叙述"安心法门"说：迷妄时人追随佛法，悟解时则佛法追随人；悟解则精神统摄物质，迷妄则物质统摄精神。只要是有心的各种认识活动，计较自心对外界的感觉，这些就都属梦幻。如果懂得心本来寂灭，没有任何动念，这才叫作真正觉悟之智。

问：什么叫作自心显现？

答：见到一切现象为"有"，但这"有"并非自己有，而是自心计较当作有。见到一切现象为"无"，但这"无"并非自己无，而是自心计较看作无。乃至于所有的一切现象也都是如此，都是自心思量去分别有无的差别。又如果有人造一切罪，但只要自己见到自心是佛，他就能获得解脱。倘若从事上得到悟解，则气力强壮；倘若从事中见到佛法，则处处不失正念；倘若从文字而得悟解，则气力弱小。直下以一切事为佛法，则无论种种自由任运、活动颠倒，都不出法界，也不入法界。若以法界而入法界，便成愚痴之人。凡所有施设作为，终究不出乎真如、法界。为什么？因为这施设作为的心体就是法界。

又问：世俗的人掌握了种种学问，但为什么不能得到真理？

答道：因为见到自己，所以得不到真理。所谓"自己"，就是佛教所说的"我"。至德之人，逢苦而不忧，遇乐而不喜，因为他见不到自己。所以，不知苦和乐的人，由于泯没了自己，从而达到虚无境界。连自己尚且都泯灭了，还有什么东西不能泯灭呢？

又问：一切事物既然是空，那么是谁在修道呢？

答道：有什么人需要修道？若是没有什么人，也就不需要修道。所谓"谁"，也是指"我"。倘若懂得了

"无我"的道理，那么，遭遇事物时就不会有是非之分了。"是"，说的是我自己是，而事物则不是；"非"，说的是我自己不是，而事物则并非不是。相即于心而无心，称作"通达佛道"；相即于事物而不起分别见，叫作"达道"。遇到事物而直达其源，知其本质，这种人慧眼开通。智慧之人听凭事物而不放任自己，这就是没有取舍、没有违顺；愚昧之人放任自己而不听凭事物，这是有了取舍、有了违顺。不见一物，名叫"见道"；不造作一物，名叫"行道"。相即于一切处而无处，叫作"法处"。

若见到法界性，也就是见到涅槃性；没有忆想、分别，便是法界性。精神并非物质，所以不是有；日用而不废，所以也不是无。同时，日用而本质常空，所以并非有；空而常用，所以并非无。达摩的"传法偈"说："我本来中土，传法度众生；一花开五叶，结果自然成。"

原典

第二祖可大师云：凡夫谓古异今，谓今异古。复离四大，更有法身解时，即今五阴心是圆净涅槃。此心具足万行，正称大宗。"传法偈"云："本来缘有地，因地种华生；本来无有种，华亦不能生。"

第三祖璨大师，"传法偈"云："华种虽因地，从地种华生；若无人下种，华种尽无生。"

第四祖道信大师云：夫欲识"心定"者，正坐时知坐是心，知有妄起是心，知无妄起是心，知无内外是心。理尽归心。心既清净，净即本性。内外唯一心，是"智慧相"；明了无动心，名"自性定"。又示融大师云：百千妙门，同归方寸；恒沙功德，总在心原。一切定门，一切慧门，一切行门，悉皆具足；神通妙用，并在汝心。"传法偈"云："华种有生性，因地华生生；大缘与性合，当生生不生。"

第五祖弘忍大师云：欲知法要，心是十二部经之根本，唯有一乘法。"一乘"者，一心是。但守一心，即心真如门。一切法行不出自心，唯心自知，心无形色。诸祖只是以心传心，达者印可，更无别法。又云：一切由心，邪正在己；不思一物，即是本心；唯智能知，更无别行。"传法偈"云："有情来下种，因地果还生；无情既无种，无性亦无生。"

第六祖慧能大师云：汝等诸人，自心是佛，更莫狐疑。心外更无一法而能建立，皆是自心生万种法。经云，心生种种法生。其法无二，其心亦然；其道清净，无有诸相。汝莫观净及空，其心此心无二，无可取舍。行住坐卧，皆一直心，即是净土。依吾语者，决定菩提。"传法偈"云："心地含诸种，普雨悉皆生，顿悟华情已，菩提果自成。"

让大师云：一切万法，皆从心生；若达心地，所作无碍，汝今此心即是佛。故达摩西来唯传一心之法。三界唯心；森罗及万像，一法之所印。凡所见色，皆是自心；心不自心，因色故心。汝可随时即事即理，都无所碍；菩提道果亦复如是。从心所生，即名为色，知色空故，生即不生。

马大师问曰：如何用意，合禅定无相三昧？

师曰：汝若学心地法门，犹如下种；我说法要，譬如天泽。汝缘合故，当见于道。

马大师又问曰：和尚云见道，道非色故，云何能睹？

师曰：心地法眼[①]，能见于道；无相三昧，亦复然矣。

马大师曰：有成坏不？

师曰：若契此道，无始无终，不成不坏；不聚不散，不长不短；不静不乱，不急不缓。若如是解，当名为道。汝受吾教，听吾偈言："心地含诸种，遇泽悉皆萌；三昧华无相，何坏复何成。"

注释

①**法眼**："五眼"（肉眼、天眼、慧眼、法眼、佛眼）

之一。肉眼、天眼只能见到事物的幻相；慧眼、法眼能见到实相；佛眼系如来之眼，无所不知，无所不见。《无量寿经》卷下："法眼观察究竟诸道。"

译文

第二祖慧可大师说：凡夫以为，过去不同于现在，现在也不同于过去。进而脱离地、水、火、风四大，更有悟解得法身之时，那么，现在的色、受、想、行、识五蕴之心，也就是清净涅槃。这一心具足全部功能，正确的称呼是"大宗"，即根本宗旨。他的"传法偈"说："本来缘有地，因地种花生；本来没有种，花也无从生。"

第三祖僧璨大师，他的"传法偈"是："花种虽因地，从地种花生；若无人下种，花种尽无生。"

第四祖道信大师说：要认识"心定"，则于端身正坐之时，知道坐本身就是心，知道有妄念生起是心，知道无妄念生起也是心，知道无内外六根、六尘是心。一切道理尽归之于心。心既然清净，净也就是本性。内外六根、六尘只是归于一心，这叫"智慧相"；了悟到这一心清净寂然，这叫"自性定"。他又指示法融大师说：百千精妙法门，同归于一心；无数功德，也总生起于一心。

所有禅定法门、所有智慧法门、所有实践法门，都具足于自己；一切神通妙用，都在你的一心。他的"传法偈"是："花种有生性，因地花生生；大缘与性合，当生生不生。"

第五祖弘忍大师说：要想知道佛法的要点，"心"是十二部经的根本，只有一乘佛法。所谓"一乘"，也就是一心。只要守住一心，便是入心真如门。一切事物的造作活动都出自于自心，唯有心自己知道；心本身没有形体和色相。各位祖师只是以心传心，弟子中凡得道的，便给予印可，再没有别的法门。又说：一切都由心决定，伪妄和正确全在自己；不思虑一事一物，便是悟达本心；只有智慧能够了知，更无别的实践方法。他的"传法偈"说："有情来下种，因地果还生；无情既无种，无性亦无生。"

第六祖慧能大师说：诸位应当懂得，自心就是佛，再没有怀疑的必要。自心之外，再无任何事物可以建立，所有万法都因自心而生起。经中说，心若生起，则种种法随之生起。其法无二，其心也无二；其道清净，没有各种相状。你不用观照"净"和"空"，其心与此心没有不同，没有什么可以取舍的。行、住、坐、卧，都取一直心而为之，不用思前顾后，就是身在净土。依照我所说的去做，定然获得觉悟，证取涅槃。他的"传法偈"

说："心地含诸种，普雨皆生长；顿悟花情已，菩提果自成。"

南岳怀让大师说：一切万法，都由自心而生起；若通达自心，则一切运为都平等无碍。你现在的这一自心就是佛，再没有别的佛。所以，达摩自印度来华，只传授一心法门。三界只是一心；森罗万象，一切事物，均为一心之所决定。凡所见事物，都是自心；心并不自己成为心，因有事物而名之为心。你可随时即事即理，都无所障碍；菩提道果也是这样。由心而生起的，名之为事物；因为事物本性是空，所以，这生起也就是不生起。

马祖道一大师问他：怎样发挥心意，才能契合禅定无相三昧？

怀让答道：你若想学习一心法门，好比播下种子；而我说佛法大旨，犹如天降雨露。倘使你机缘相合，便可悟见真如。

马祖又问：和尚说到悟见真如，但真如并非事物，怎么能说是见？

怀让又答道：心的能透彻事物实相的深邃眼力，能观见真如；无相三昧，当然也是这样。

马祖又问：这一心还有没有成、住、坏、灭？

怀让答道：你若是契合佛道，心则无始无终，不成不坏；不聚不散，不长不短；不静不乱，不急不缓。如能这样悟解，心就称作真如。你领受了我的教导，然后再听我说"传法偈"："一心含诸种，遇雨皆萌生；三昧花无相，何坏又何成!"

原典

牛头融大师《绝观论》问云：何者是"心"？

答：六根所观，并悉是心。

问：心若为？

答：心寂灭。

问：何者为"体"？

答：心为体。

问：何者为"宗"？

答：心为宗。

问：何者为"本"？

答：心为本。

问：若为是定慧双游？

云：心性寂灭为定，常解寂灭为慧。

问：何者是"智"？

云：境起解是智。

问：何者是"境"？

云：自身心性为境。

问：何者是"舒"？

云：照用为舒。

问：何者为"卷"？

云：心寂灭无去来为卷。舒则弥游法界，卷则定迹难寻。

问：何者是"法界"？

云：边表不可得，名为法界。

译文

牛头法融大师在《绝观论》中设问道：什么是"心"？

自答道：凡六根所观察的，全都是心。

又问：心怎样？

答：心寂灭无为。

又问：心以什么为"体"？

答：以心为体。

又问：心以什么为宗旨？

答：以心为宗旨。

又问：心以什么为本源？

答：以心为本源。

又问：如何是定慧双游？

答：心性寂灭为定，常解寂灭为慧。

又问：什么是智慧？

答：境界上生起悟解是智慧。

又问：什么是境界？

答：自身的心性是境界。

又问：什么是舒展？

答：真如的妙用是舒展。

又问：什么是收卷？

答：心寂灭、无来去是收卷。舒展则遍游法界，收卷则难寻固定的踪迹。

又问：什么是法界？

答：远近都不可得，称之为法界。

卷一〇〇

原典

《圆觉疏序》云："夫血气之属必有知，凡有知者必同体。所谓真净明妙、虚彻灵通，卓然而独存者也，众生之本原。

"故曰，心地①诸佛之所得；故曰，菩提交彻融摄；故曰，法界寂静常乐；故曰，涅槃不浊不漏；故曰，清净不妄不变；故曰，真如离过绝非；故曰，佛性护善遮恶；故曰，总持隐覆含摄；故曰，如来藏超越玄秘；故曰，密严国②统众德而大备，铄群昏而独照；故曰圆觉：其实皆一心也。

"背之则凡，顺之则圣；迷之则生死始，悟之则轮回息。亲而求之，则止观定慧；推而广之，则六度万行。引而为智，然后为正智；依而为因，然后为正因。其实皆一法也。

"终日圆觉而未尝圆觉者，凡夫也；欲证圆觉而未极圆觉者，菩萨也；住持③圆觉而具足圆觉者，如来也。离圆觉无六道，舍圆觉无三乘，非圆觉无如来，泯圆觉无真法。其实皆一道也。三世诸佛之所证，盖证此也。如来为一大事出现，盖为此事也。三藏、十二部、一切修多罗，盖诠此也。"

释曰：心之一法，名为"普法"④。欲照此心，应须普眼⑤虚鉴。寂照灵知，非偏小而可穷。以圆满而能觉，故曰圆觉。此约能证也。真如妙性，寂灭无为，具足周遍，无有缺减，故曰圆觉。此约所证也。能所冥合，唯是一心。此一心能为一切万法之性，又能现三乘、六道之相。摄相归性，曾无异辙。则世、出世间，升降虽殊，凡有种种施为，莫不皆为此也。离此则上无三宝、一乘，下无四生、九有⑥。

注释

①**心地**：因为心是万法之本，好比大地，能生一切

诸法，所以又称心地。《大乘本生心地观经》卷八："三界之中，以心为主。能观心者，究竟解脱；不能观者，究竟沉沦。众生之心，犹如大地，五谷五果，从大地生。"

②**密严国**：指大日如来的净土，也是《华严经》所说的华藏世界、净土门所谈的极乐世界的异名。

③**住持**：安住于世间而护持佛法的意思。《圆觉经》："一切如来，光严住持。"禅宗兴起后，被当作寺院主管僧的职称。

④**普法**：据《华严经》所说，法界诸法，一法即具足一切法，普遍圆融，一一称性。《宗镜录》卷九曾说："见普法故，名普眼。普法者，一具一切，一一称性，同时具足。"

⑤**普眼**：指观照普法之眼。

⑥**九有**：又名"九居"，指三界中有情的九处乐居之所。它们是：欲界之人和天，色界的初禅天、二禅天、三禅天、四禅天中的无想天，无色界的空处、识处、无所有处、非想非非想处。

译文

《圆觉经疏序》中说："凡是有血气的物类必然有知觉，凡是有知觉的也必然归于同一理体。这一理体，就是所谓真净明妙、虚彻灵通、卓然而独存的真如佛性，它便是众生的本源。

"所以说，心地为诸佛之所得；所以说，菩提智慧交彻融摄；所以说，法界寂静而常乐；所以说，涅槃无污染、无烦恼；所以说，心性清净而不虚妄、不变异；所以说，真如脱离谬误、断绝邪伪；所以说，佛性维护善而否定恶；所以说，无碍解脱的'总持'，隐覆含摄一切；所以说，如来藏超越玄秘；所以说，华藏世界统摄一切功德，光耀所有昏阉而独自明亮；所以说是'圆觉'。其实这些说法都是指一心。

"对于这一心，违背了，就是凡夫；顺应了，即成圣人。迷妄了，则生死流迁由此而起；觉悟了，则业报轮回从此断灭。对它亲近而求取，便成止观、定慧；将它推而广之，则生起六度、万行。引发它，则为智慧，然后成为圣智；依据它，则为原因，然后成为正因。这些，其实都是同一佛法。

"终日身处圆觉而未体验到圆满灵觉的，是凡夫之辈；要想证得圆觉而未穷极圆满灵觉的，是菩萨之属；住持圆觉而具足圆满灵觉的，才是如来。离开圆觉也就没有六道，舍却圆觉也就没有三乘，否认圆觉也就没有如来，泯灭圆觉也就没有真如实相之法。其实，这些说的都是同一道理。三世诸佛之所证得的，便是证得这一圆觉。如来为一大事因缘而出现于世，也就是为的这件事。经、律、论三藏、十二分教经典，一切佛经，都是对这一圆觉的诠释。"

现在我再作解释：这一心法，名叫"普法"。要观照这一心，需要用"普眼"来实现。真如体用的灵知灵觉，并非偏小之知识所能穷达。因为它圆满而能觉悟，所以叫圆觉；这是就能证方面说的。真如妙性，寂灭无为，周遍具足，没有丝毫缺损，所以叫圆觉；这是就所证方面说的。能证与所证冥然契合，其实只是一心。这一心能为一切事物的性体，又能显现三乘、六道的相状。统摄形相而归之于性体，概莫例外。从而，世间和出世间，沉降虽然不同，但是，凡有种种施设作为，无不都是为了觉悟这一心。离了这一心，则上无佛、法、僧"三宝"及"一佛乘"，下无"四生"及"九有"。

原典

澄观和尚《华严疏》云："上来诸门乃至无尽，不离一心，一心即法界。故《起信》云：'所言法者，谓众生心。'心体即大，心之本智即方广①，观心起行即华严，觉心性相即是佛。觉非外来，全同所觉。故理智不殊，理智形夺，双亡寂照。则念念皆是华严性海，则物我皆如，泯同平等。为未了者令了自心；若知触物皆心，方了心性。

"故《梵行品》云：'知一切法即心自性；成就慧身，不由他悟。'然今法学之者，多弃内而外求；习禅之者，好亡缘而内照。并为偏执，俱滞二边。既心境如如，则平等无碍。昔曾莹两面镜，鉴一盏灯，置一尊容，而重重交光，佛佛无尽。见夫心境互照，本智双入；心中悟无尽之境，境上了难思之心。心境重重，智照斯在。

"又即心了境界之佛，即境见唯心如来。心佛重重，而本觉性一。皆取之不可得，则心境两亡，照之不可穷，则理智交彻。心境既尔，境境相望，心心互研，万化纷纭，皆一致也。唯证相应，名'佛华严'矣。"

释云：今人只解即心即佛，是心作佛，不知即境即佛，是境作佛。今明以如②为佛，心境皆如；心如即佛，境如焉非？又心有心性，心能作佛；境有心性，安不作佛？以心收境，则心中见佛，是境界之佛；以境收心，境中见佛，是唯心如来。

注释

①**方广**：总说为大乘佛经的通称，别说则专称十二部经（十二分教）中第十"毗佛略"为"方广经"。方，

指道理的方正；广，指言辞的广博。

②**如**：又名"如实"。即真如，指佛所说的绝对真理，最为真实的东西。

译文

澄观和尚的《华严经疏》说："以上各类法门乃至无尽法门，都不离一心，一心也就是法界。所以《起信论》认为：'所说的法，指的就是众生心。'心体就是广大，心的本觉之智就是'方广'（指大乘经典），观照一心而生起功能便是'华严'，觉悟一心的性相便是'佛'。觉悟并非外来，它全然等同于所觉悟的。所以真理与智慧并无区别，一旦破除形相，两者的体用也就一起归于空寂。于是，每一心念都入华严性海，从而，物、我真实不二，平等一如。为使尚未了达的人了达自心，若懂得周围所见所闻都是心，这才真正了达心性。

"所以，《梵行品》说：'要知道，一切事物都是心自性；成就无漏智慧之身，不需通过其他途径而得悟。'然而，如今研习教理的人，大多抛弃自心而向外追求；修习禅法的僧徒，则喜欢丢却机缘而向内观照。这两种人都犯了偏执的错误，各自滞着于两个极端。既然自心与外境都系真如实相，那么两者间应当平等无碍，互相融通。我先前曾磨制两面明镜，点亮一盏灯，中间安置一尊佛像，这时便可见到镜中重重交光，佛佛无尽，互相辉映。由此也可见到心与境互为作用，理与智相互涉入；从而于心中悟得无尽的境，又于境上了达难以思度的心。心与境重重无尽，智慧的观照作用也就表现在这里了。

"此外，即心而可以了达境界上的佛，即境而可以见到唯心的如来。心与佛重重无尽，而本觉的性德却只有一个。所有这些，都属求取而无法得到的，从而，心与境一起寂灭；同时又属作用于上而不可穷尽的，从而理与智相互涉入交彻。心与境的关系是这样，境与境、与心的关系也是这样，万事万物也是这样，都相互涉入，融通无碍。唯有证得这种境界，才能称作'佛华严'。"

现在来解释这段话。如今的人只知道"即心即佛""是心作佛"，而不知道"即境即佛""是境作佛"。现在阐明了以"如"为佛，心与境都是"如"；"心如"即是佛，那么"境如"为什么不是佛呢？再则，心有心性，心能作佛；那么，境也有心性，境为什么不能作佛？以心收境，则于心中见佛，这是境界之佛；以境收心，于境中见佛，这是唯心如来。

原典

如上所引祖教，委细披陈，可以永断纤疑，圆成大信。若神珠在掌，宝印①当心，诸佛常现，目前法界，不离言下。

是以从初标宗，于一心演出无量名义，无量名义不出理、智。非理不智，故理外无智；非智不理，故智外无理。亦摄智从理，离体无用；摄用归体，体性自离。故体即非体，即一切法如虚空性；虚空性亦空，毕竟寂灭；斯灭亦灭，不知以何言，故强名之"无尽真心"耳。

今还摄无量义海，总归一句，乃至无句。一字一点，卷舒自在；不动一心，究竟指归：言思绝矣。又此乃是内证自心真性、绝待无依平等法门。如《华严疏钞》云："悟一切法自性平等者，入于诸法真实之性。故谓真实性中，无差别相，无种种相，无无量相。万法一如，何有不等？"

注释

①宝印：指佛、法、僧三宝中的法宝，或指三法印。它们是佛教诸宝中的实宝，坚固不坏。

译文

以上所引各种经典，作了详细披陈述解，可以永断一切疑惑，圆满成就功德广大的佛教信仰。好比神珠握在掌心，宝印存于心中，诸佛恒常示现于法界，不离言语而随处可见。

所以，从第一"标宗章"起，于"一心"演示出无数的名称、意义，而这无数名称、意义不外乎理体和智慧。没有理体就没有智慧，所以理外无智；没有智慧也就没有理体，所以智外无理。也可以说统摄智慧而顺从于理体，离了理体就没有功用；摄取功用而归于理体，则理体与本性自然分离。所以，体也就不是体，就是说一切事物好比虚空性；虚空性也是空，毕竟归于寂灭；可是，连这寂灭也灭尽，真不知道该如何称呼它，所以勉强叫它为"无尽真心"吧。

现在回过头来摄取无量数义理之海，把它们总归为一句，乃至无句。凡一字一点，都舒卷自在；虽不动一心，而达至极的归向：这真所谓言语和思虑断绝而证得涅槃。这也就是内证自心真性、超越对待、无所依恃的平等真实法门。正如《华严经疏钞》中所说："悟得一切法自性平等，就透彻了诸法的真实性体。所以说，在真实之性中，既没有差别的形相，也没有种种形相，更没有无量数形相。万法平等一如，哪有什么差别？"

原典

问：此"宗镜"门，还受习学不？

答：学则不无。略有二义。

一者，若论大宗，根本正智，不从心学，非在意思；圆明了知，不因心念。故台教云，手不执卷，常读是经；口无言音，遍诵众典；佛不说法，恒闻梵音；心不思惟，普照法界。此论上上根器闻而顿悟，亲自证时。

二者，若未省达，亦有助发之力，印可之功。或机思迟回，乃至中根下品，及学差别智门，须依明师，以辩邪正。先以闻解信入，后以无思契同。须得物物圆通，事事无滞，方乃逢缘对境，不失旨迷宗。

译文

问：这一"宗镜"法门，还需要学习吗？

答：需要学习。这学习大略包括两个方面的含义。

第一，若从原则上说，根本圣智并非由心学得，也不在领会意思；圆通光明的智慧，并非因心念而有。所以天台宗的教义认为，虽然手未尝执卷，却恒常阅读佛经；虽然口中未尝发出声音，却广泛诵念经典；虽然佛未曾说法，却始终听见梵音；虽然心并未思惟，却能普照法界。上上根器的人听到这种说法，当下悟入，亲证涅槃。

第二，对于尚未入道的人，学习也有助发觉悟的力量以及予以印可的功能。有的人反应迟钝，思想并不敏捷，乃至属于中、下根机，当他们求学自利之德的法门时，必须依持高明的老师，以辨明正确与错误。先是以听闻慧解而信入佛法，然后再以无言绝思而契同真如。必须达到物物之间圆通无碍，事事之间平等无滞，才会在遇缘触境之时，仍不迷失宗旨。

原典

　　问：悟何心是道？

　　答：悟"心无心"即是道。

　　问：请为指示。

　　答：指示了也，汝自不见。

　　问：是何物教学人见？

　　答：教渠直下见也，不是物。

　　又先德问：即今见何物？

　　答：见本心。

　　问："见"与"本心"，为别不别？

　　答：不别。

　　真如体上自有照用，以明故，得名为"见"；以不动故，得名为"心"。又自性清净名"照"，常见自性名"用"。故知此心目前显露，何须问答，岂假推穷？即圆满门，是成现法。

如有学人问忠国师和尚：如何是解脱心？

答：解脱心者，本来自有。视之不见，听之不闻，搏之不得，众生日用而不知，此之是也。

此乃直指，目击道存①，今古常然，凡圣共有。

夫《宗镜》所录，皆是佛说。设有菩萨制作、法师解释，亦是达佛说意，顺佛所言。以此土众生皆以闻慧②，入三摩地故，须以音声为佛事，显示正义，破除邪执，非言不通。

注释

①**目击道存**：意为不需要言说为中介，只要自然应对，便是契合佛道。借用庄子语。《庄子·田子方》："目击而道存矣，亦不可以容声矣。"成玄英疏："击，动也。体悟之人，忘言得理，目裁运动，而元气存焉，无劳更事辞费，容其声说也。"

②**闻慧**：三种智慧（闻慧、思慧、修慧）之一。指由听闻教法而产生的智慧。《大乘义章》卷十："受教名闻；生解名为闻慧。"

译文

如果有人要问：悟什么心才算是证得真如？

回答是：觉悟"心即无心"就是证得了真如。

又若问：请具体指点。

回答是：早已指点了，只是你自己看不见罢了。

又若问：是什么东西教求学者看见？

回答是：教他直截了当、不假思索地看见，那不是东西。

又有古代高僧问道：就如现在该见什么东西？

回答说：见本心。

再问："见"与"本心"，是有区别还是无区别？

又答：无区别。

真如本体上自有妙用，因为它光明，所以叫"见"；又因为它不动，所以叫"心"。同时，自性清净称为"照"，常见自性称为"用"，合起来就是"照用"，即真如的妙用。由此可知，此心清楚地显露于面前，既不用问答，也不求助于推究。这就是圆满法门，成就现在佛道。

如有学道人问慧忠国师和尚：什么是"解脱心"？

回答道：所谓"解脱心"，本来自有。但是，看它又看不到，听它又听不见，取它又得不到，众生每时每刻都在使用它却又自己不知道。

这就是直指人心的"心"，它不需要以言语做传递，本然流露的即能契合佛道。古往今来恒常如此，它为凡夫、圣人所共具。

我这《宗镜录》所集录的，都是佛说。倘说其中有菩萨的制作，以及法师的解释，也都是表达佛说的深意，按照佛的教诲而展开。因为中土的众生都以听闻教法而生起慧解，然后入三昧，所以需要以音声来做佛事，济度众生。为了显示佛说的正确意义，破除一切邪执，必须使用文字语言。

源流

据延寿"禅尊达摩，教尊贤首"这一基本思想，《宗镜录》一书在经典方面首先依持的是《楞伽经》和《华严经》。《楞伽经》是禅宗依据的基本经典之一。该经除了阐释阿黎耶缘起和如来藏缘起等思想外，还论述了圣智内证的禅观修行及禅的顿渐等问题。《华严经》是华严宗所依的根本经典，其基本内容，是把现实世界看成是毗卢遮那佛的显现，宣传"法界缘起"的世界观和"圆信""圆解""圆行""圆证"等"顿入佛地"的解脱论。

　　《华严经》本为华严宗所宗奉，但华严宗发展到澄观后，逐渐吸收融摄他宗的思想，如吸取天台宗"一念三千"性具说，以补充华严的性起说，把禅宗引入教法，开了禅教结合的先河。他自述禅教融合的目的，说："造解成观，即事即行；口谈其言，心诣其理。用以心传心之旨，开示诸佛所证之门，会南北二宗之禅门，摄台衡三观之玄趣。使教合忘言之旨，心同诸佛之心。"（《华严疏钞》卷二）这一思想在他弟子宗密那里有进一步的发展。

宗密虽是华严五祖，但他又是禅宗荷泽神会一派的传人，与禅门有着广泛、深刻的联系。宗密的佛学，是典型的"华严禅"为核心的禅教一致思想。他的华严教义，融合了禅学；他的禅学，也融合了华严教义。

宗密认为，所谓"教"，是指佛的教导；所谓"禅"，即指佛的心意。禅宗以外的各宗派，如天合、三论、唯识、华严等，都以经论为依据进行研讨和修习，所以称之为"教"或"教家"。禅宗各派，则遵照佛意展开修习，属于"以心传心"，因而称为"禅"或"禅家"。宗密提倡禅教一致，是要把当时存在的天台、唯识、华严等教家与禅宗各派加以统一融合，如裴休所说："融瓶盘钗钏为一金，搅酥酪醍醐为一味。"（《禅源诸诠集都序叙》）而禅教一致的最高表现，乃是华严教与荷泽禅的融合。

在宗密"禅教一致"思想影响下，后期禅宗中的一些派系沿着"华严禅"的方向展开，把华严宗根本教义"四法界"说、"六相圆融"说、"十玄缘起"说中体现的理事圆融统一关系纳入自家体系。而真正全面继承并发展宗密学说的，便是永明延寿。

延寿有关禅教一致的具体论证，基本上按照宗密的观点展开。在《宗镜录》中，延寿明确指出"禅尊达摩，教尊贤首"。同时又依宗密所示"三宗三教"相应之说，广泛宣传禅教一致。他写道：

"问：佛旨开顿渐之教，禅门分南北之宗。今此敷扬，依何宗教？答：此论见性明心，不广分宗判教，单提直入，顿悟圆修。亦不离筌蹄而求解脱，终不执文字而迷本宗。若依教是华严，即示一心广大之文；若依宗即达摩，直显众生心性之旨。如宗密禅师立三宗三教，和会祖教，一际融通。禅三宗者：一、息妄修心宗，二、泯绝无寄宗，三、直显心性宗。教三种者：一、密意依性说相教，二、密意破相说性教，三、显示真心即性教。"（《宗镜录》卷三十四）又写道：

"故须先约三种佛教，证三宗禅心，然后禅教双亡，佛心俱寂。俱寂则念念皆佛，无一念而非佛心；双亡则句句皆禅，无一句而非禅教。"（《宗镜录》卷三十四）

《宗镜录》在诠释"一心"的过程中，大量引用的是《华严经》语及华严宗义。延寿认为，《华严经》示一心广大之文，达摩宗标众生心性之旨；华严宗说一乘圆教，重重无尽，圆融无碍，这与禅宗所谓"佛语心为宗，无门为法门"相互呼应。延寿说：

"今依《宗镜》，若约教唯依一心而说，则何教而非心？何心非教？诸经通辩，皆以一心真法界为体。"（《宗镜录》卷三十五）

在"一心"的前提下，禅教获得统一。延寿在他所著的《唯心诀》中说：

"详夫心者，非真妄有无之所辩，岂文言句义之能述乎？然众圣歌，往哲诠量，千途异说，随顺机宜，无不指归一法而已。故《般若》唯言无二，《法华》但说一乘，《思益》平等如如，《华严》纯真法界，《圆觉》建立一切，《楞严》含裹十方，《大集》染净融通，《宝积》根尘泯合，《涅槃》咸安秘藏，《净名》无非道场。统摄包含，事无不尽；笼罗该括，理无不归。"

在《宗镜录》中，除了引述《华严经》《楞伽经》外，还大量引述以上诸经。与此同时，又对《起信论》以特殊重视。

《大乘起信论》是中国佛教学者托马鸣之名所著的一部重要论典，对中国佛教思想影响极大，其中对禅宗、华严宗、天台宗的形成和发展影响更为明显。延寿重视该论，其意在用它来调和禅教。

此外，本身蕴含有禅教合一思想或可以被用于阐发禅教合一思想的经典还有《圆觉经》《楞严经》等。

《圆觉经》的要点之一，是以圆觉附会灵知本觉，所以宗密有意将该经思想同神会思想融合，大力阐扬荷泽禅。宗密又认为，《圆觉经》既有华严思想，又通禅家之说，符合禅教一致的理想。如经中说："圆觉流出一切清净真如、菩提、涅槃及波罗蜜。""一切众生，种种幻化，皆生如来圆觉妙心。"这种说法与华严宗圆摄一切诸法、直显本来成佛的教旨相合。经中又说："远离一切幻化虚妄……知幻即离，不作方便；离幻即觉，亦无渐次。""无取无证，于实相中实无菩萨及与众生。"这种观点则与禅学中"无修无证"之说有一致之处。此外，经中还涉及三种禅法、二十五种清净定论以及四种禅病等有关禅门修行方法。同时，《圆觉经》又强调，众生本住清净觉地，当于现实社会人生中实现成佛理想，说："是诸众生清净觉地，身心寂灭，平等本际，圆满十方，不二随顺。于不二境，现诸净土。"又认为，一切众生具圆满灵觉，本来成佛，只因无明烦恼而有种种差别；若依"随顺觉性"，则可消融一切矛盾。这一"随顺觉性"使众生"与一切法同体平等，于诸修行实无有二"。《圆觉经》反复申述的这类调和思想，对禅宗思想的发展，理所当然产生重大影响。

至于《楞严经》，它最突出的特点是它的融通性。正是这种融通性，使人们对它的研究兴趣长盛不衰，它的作用和影响也日益扩大。该经认为，众生皆具本觉真心，此本觉真心又名"本妙圆妙明心""真精妙觉明性""菩提妙明元心"。它以此本觉真心来调和现实世界与西方净土的矛盾，圆融所谓"和合性"与"本然性"。在禅宗调和思想日渐开展的情况下，上述思想当然也很合时宜。对于《楞严经》的内容，吕澂先生也曾指出：

"贤家据以解缘起，台家引以说止观，禅家援以证顿超，宗密又取以通显教。宋明以来，释子谈玄，儒者辟佛，盖无不涉及《楞严》也。"（《楞严百伪》，见《中国哲学》第二辑，页一八五）

因此，《楞严》之为延寿看重，实不足为奇。早在唐代，对该经的注疏已有三家，宋以后，各类注疏便层出不穷，即现存的尚且有四十余种，而其中属禅僧所著达十多种。

中唐以降，《圆觉经》和《楞严经》始终备受禅僧和士大夫的推崇，在佛经中的地位不断上升，成为参禅学佛的基本教材。宋代禅僧与士大夫有关禅学问题的讨论，通常以这两部经为依据展开。真净克文禅师在金陵定林寺首次见到王安石，便以《圆觉经》为题展开对话，并指出《圆觉经》由于它"直示众生日用现前"，比其他经典优越，因而无须"首标时处"，只要把握了它的精神，就可获得顿悟。

大慧宗杲在径山时，走访张九成，也以《圆觉经》

思想来开导对方。他曾在《宗门武库》中提到，照觉禅师以"真实顿悟见性法门为建立"，符合《圆觉经》和《楞严经》的基本精神。在他看来，有了《圆觉经》和《楞严经》，其他禅宗所依的经典以及祖师语录、公案等，都可以舍弃。官僚士大夫中，冯楫于早年参试时，其文章就是用《圆觉经》的思想来发挥的。而王安石归老钟山时，则对《楞严经》尤为偏爱；他所作的《楞严经疏解》，深受慧洪的称许。韩驹曾告诉宗杲，他的文章因受《圆觉》《楞严》的启示而"词诣而理达"（《云卧纪谭》卷上）。张商英着《护法论》，除提到《楞伽经》等外，重点引证了《圆觉经》和《楞严经》。为了表示朝廷对佛教的支持，南宋孝宗皇帝还亲自以禅学注解《圆觉经》，并以此赐径山传法。

由此可见，《圆觉经》和《楞严经》在宋代已成为禅僧和官僚士大夫禅者共同尊奉的主要经典，并成为他们之间相互交往的重要媒介。这里既有唐代宗密等禅师的贡献，更有永明延寿的贡献。

延寿的《宗镜录》是中国佛学的一部重要著作。《宗镜录》的内容，反映出中国佛教思想演变的基本轨迹。可以说，它既总结了宋以前的全部中国佛学的得失，又指出了宋以后中国佛学的道路。

从源流上看，延寿通过《宗镜录》所提倡的"禅教一致"思想，出自唐代宗密的有关学说。但从效果上说，我们不能一视同仁，必须有分析地予以对待。因为，延寿思想是在特定社会环境、政治条件下对宗密的继承和发展，而非简单的沿袭。

宗密时代，华严宗已趋于衰退，而禅宗正方兴未艾。禅宗思想沿着六祖惠能开创的道路，继续向前开拓、发展，表现出强大的生命力。在这一形势下，宗密运用华严圆融哲学，倡导教禅合一，就其目的而言，是要重新树立诸佛及其经典的崇高地位和无上权威。

宗密对禅宗的分判，虽然尚未涉及后期禅宗各家，但对当时业已存在的南宗派系如洪州、牛头、石头、保唐等各宗都已提到。这些派系不同程度上发展了惠能思想，逐渐显露出不拘教行、不立言说的激烈倾向，对传统佛教发起了有力挑战。这种倾向，既不利于佛教传统教义的传播，也容易造成与现实政治的对立。宗密不以当时最为生气活泼、最有发展前景的洪州禅为究竟，而以重在言说知解的荷泽禅为根本，虽然自有他师承方面的理由，但仍未免有所偏见。在他看来，"凡修禅者，须依经论""既不依经，即是邪道"；"经论非禅，传禅者必以经论为准"（《禅源诸诠集都序》卷一）。洪州既然激烈反对经论和言说，因此难以受他青睐。

宗密圆寂后，"五家禅"形成。五家禅中的一些派系受宗密"教禅一致"理论的影响，展开了与华严思想的融合，乃至把华严宗的理论纳入自家体系。如曹洞宗论"五位君臣"，法眼宗说"十玄""六相"，都是明显例子。一般说来，受华严思想影响较深的这些派系，在禅的思想理论上比较保守，在禅的风格上缺乏特色。它们与受华严圆融学说影响较少的临济禅相比，无疑要相形见绌。

由于禅宗在宗密时代正处于上升时期，百花盛开，异葩竞放，所以宗密的禅教一致学说，毕竟影响有限。

真正对后世佛学乃至全部后期中国佛教产生深远、持久、全面影响的，当是永明延寿及其《宗镜录》和《万善同归集》。这要从时代和社会的需求说起。延寿所生活的五代宋初是中国历史的重要转折时期，中国古代封建社会开始由前期向后期转化，为与此转变相适应，中国佛教面临着新的课题、新的选择。

唐武宗"会昌灭佛"以及唐末五代的长期战乱，使佛教各宗派的章疏典籍遭受严重破坏，散佚颇多；而从印度、西域传入的佛教经典的传译工作，至隋唐已大体完备，译经事业进入了消沉时期。唐中叶后，佛教各宗派纷纷走向衰微，唯有禅宗迅速成长，蔚为大宗。各宗派的衰退，迫使佛教自身展开反省；五代王朝的佛教政策，也要求佛教面对现实。因此，五代宋初的佛教，一方面是对隋唐佛教的反省和总结，另一方面又是对宋代佛教的酝酿和构思，以更好地适应社会的需要。

五代时期，北方地区兵革时兴，战乱频繁，各代王朝为整顿遭受严重破坏的社会秩序，普遍对佛教采取较为严格的限制政策。其结果，加强了世俗权力对佛教思想的干涉和影响，并开拓着宋以后佛教进一步适应社会需求的新环境。

延寿所在的吴越地区，受战争破坏较少。吴越诸王（历五世七十二年）以杭州为中心，大力推行佛教，致使一向以长安、洛阳为中心的佛教转向以杭州、扬州、广州、福州为中心开展。杭州一带本是天台宗圆融哲学流传的地区，吴越佛教在钱氏诸王的关心下，走着对内圆融、对外调和的道路。钱镠不仅广招佛教各宗僧侣入杭州，而且还召集各地著名道士于幕下。钱弘俶既尊崇禅宗僧侣天台德韶，"伸弟子礼，尊为国师"（《释氏稽古略》卷三），又礼遇天台宗僧侣螺溪义寂，召他"至金门建讲，问智者教义"（《佛祖统纪》卷十）。他还倡导儒、释、道三教合一。在为《宗镜录》所作的序文中，他写道：

"详夫域中之教者三。正君臣、亲父子、厚人伦，儒，吾之师也。寂兮寥兮，视听无得，自微妙升虚无，以止乎乘风驭景，君得之则善建不拔，人得之则延贶无穷，道，儒之师也。四谛、十二因缘、三明、八解脱，时习不忘，日修以得，一登果地，永达真常，释，道之宗也。惟此三教，并自心修。"

这就是说，儒、释、道三教可以由心加以统一，延寿的《宗镜录》既然以心为根本，当然也就能获得同样的功效。由于吴越佛教发展了中唐以后佛教内部融合的倾向，从而也就为宋代佛教的进一步全面融合奠定了基础。延寿学承禅宗法眼宗，而又将天台、华严教义以及净土往生思想结合，《宗镜录》一书保存了各宗思想资料，阐述了各宗基本教义，贯彻了作者的融合调和思想，这是该书为钱弘俶所重视的主要原因。

北宋的统一，要求禅宗放弃以自己的独特方式展开的路子，敦促它由激烈走向平稳，由革新回归传统。为此，禅宗不得已全力推行对内和对外的各种调和统一活动。延寿的《宗镜录》发端于五代后期，成书于北宋初年，它的以禅教一致为中心的圆融思想，顺应了这一由分裂而走向统一的历史趋势和时代要求。如果说宗密《禅源诸诠集都序》等著作中所首倡的禅教一致说，是在禅宗正以革新的姿态，向传统展开猛烈冲击的形势下，为了保证中国佛教循规蹈矩的发展，以及进一步实现与儒家思想的融合调和，而主动采取的措施；那么，延寿《宗镜录》所发扬的禅教一致说，则是在佛教走向衰退，禅宗思想开始蜕变，儒学呈复兴气象之时，因而作出的一种反应，其目的在延续佛教自身的继续存在，并发挥更为广泛的社会影响。

从佛教思想史的角度看，不同历史时期的佛教，有各自不同的性格和特点。南北朝时期学派纷争，隋唐时期宗派并列。隋唐宗派各具特色，即使宗派内部也有意见分歧，如禅宗各派往往"语带宗眼，机锋酬对，各不相辜"（《宗门十规论》）。自宗密提倡禅教一致，延寿在此基础上大力予以发扬，并通过《万善同归集》等推出禅净合一论，从而使宋代佛教找到了自己的出路，这就是致力于模糊宗派分歧，消融宗派特色。宗教思想是社会现实的折射反映，中国佛教从唐末五代禅宗的力主"自力""顿悟"，转向宋初禅教一致乃至禅净合一实修，曲折地反映着时代的变迁。

近代以来，物质文明飞速发展，人类对科学技术的依赖日益增强。尤其是第二次世界大战以来，知识正以惊人的速度膨胀，物质文明将精神文明挤压到了一个小小的角落。地球在缩小，人类赖以生存的空间越来越狭窄。在科技发达和物质繁荣的掩蔽下，人类面临着严重的挑战。这种挑战并非来自宗教思想，而是来自物质文明自身。过分依赖于科技进步、追求物质享受，必然造成人类精神生活的空虚和疲劳，丧失对自心的信心，出现种种思想和行为上的失调。这种现代文明下潜伏的危机，早已为当代东西方一批哲人所指出。如池田大作认为，危机主要表现在两个方面：一是人与自然和谐关系的严重破坏，遭受自然界报复的危险；二是人自身精神田园的荒芜，心理失调、道德沦丧以及由此而产生的各种社会问题，尤其是世界大战的危险。这两个方面，都因片面追求物质利益、征服自然以满足人类欲望而致。

佛教思想并不忽视物质文明的建设，大乘佛学公开号召菩萨掌握工巧技术医方明，丰富和便利物质生活，饶益众生。但是，物质生活的建设，不能脱离精神生活的净化。在当今世界，有必要将净化人心置于更为重要的地位。只有净化人心，才能净化人生，才能消除种种社会弊端，导人向善。《宗镜录》是人的精神生活的产物，它阐述的是人的内在精神的一面，无疑将有助于对治当代物质文明所带来的诸多困扰。

《宗镜录》明示"举一心为宗，照万法如镜"，并引经论三百部，以"证成唯心之旨"。可见全书的核心是在"一心"的阐述上。在延寿看来，"一乘法者，一心是。但守一心，即心真如门。一切诸法，无有欠少；一切法行，不出自心；唯心自知，更无别心"（《宗镜录》卷二）。"心"既是认识宇宙世界、一切万物的根本，又是完成个人修行的出发点。他又说，"此论见性知心，不广分宗判教，单提直入，顿悟圆修，亦不离筌蹄而求解脱，终不执文字而迷本宗。若依教是华严，即示一心广大之文；若依宗即达摩，直显众生心性之旨"（《宗镜录》卷三十四）。无论华严还是禅，都以心性为自宗主题，然后展开佛教"见性知心"的修行。

《宗镜录》演说"立心为宗"，此心的把握，便具有特殊意义。"虽有隐显之殊，而无差别之异。烦恼覆之则隐，智慧了之则显。非生因之所生，唯了因之所了。斯即一切众生自心之体，灵知不昧，寂照无遗"（《宗镜录》

卷一）。根据这一观点，世人只需返顾"灵知不昧"的自心，便具"顿悟圆修"的功效。由此而对天地宇宙、社会人生有一总体的认识，不再陷于苦恼而无法自拔，精神自然轻松，内心必然平静，同时也不致因物质的利诱而丧失理智，道德堕落、纸醉金迷、贪污受贿、作奸犯科等社会问题定将好转。"自心之体"的确认使人们有机会重新认识自己，认识精神与物质之间的统一关系，进一步完善道德，踏上成贤成圣之路。

当今世界，过分依赖于西方的物质文明，在人类内在精神生活领域确实日趋贫困。为此，一些有识之士，包括西方的哲人，已经向人们提出警告，如不学习东方文明，西方将走向毁灭。东方文化保持着自己民族的独特风格，具有西方文化无法取代的广博，并日益表现出它的生命力。中国传统的哲学思想，重视生命本身的意义，关注人类的终极问题，强调精神生活的完善，追求人与自然、人与社会、人与人之间的和谐，以不断充实人生。这与西方文化所持的主客二元对立、较为注重物质生活的传统很不相同。《宗镜录》的内容典型地表现了上述东方思想特征。《宗镜录》既"禅尊达摩，教尊贤首"，故全书大量引用了禅宗大师语录，介绍了禅宗基本思想。而禅宗作为中国佛教的主要宗派，在形成和发展过程中，难免受到传统文化洗礼。延寿引六祖惠能语录云："汝等诸人，自心是佛，更莫狐疑。心外更无一法而能建立，皆是自心生万种法。……汝莫观净及空，其心此心无二，无可取舍。行住坐卧，皆一直心，即是净土。"又引南岳怀让语录云："达摩西来，唯传一心之法。三界唯心，森罗及万像，一法之所印。凡所见色，皆是自心；心不自心，因色故心。汝可随时即事即理，都无所碍，菩提道果亦复如是。"（《宗镜录》卷一百）从这里可以看到禅宗僧侣对待人生的态度，他们充满自信，既严谨又达观。马祖道一常说，"平常心是道"，则进一步简洁地道出了人生应取的正确态度。由此发端，一切烦恼、外向追求、荣华富贵、尔虞我诈，当可不复存在，生活将会变得充实、谐和、平静。精神境界上的升华对于现代来说，既刻不容缓，又困难重重。《宗镜录》中的某些论述，也许有助于利欲熏心者找到自己的出路。

从思想方法上说，《宗镜录》与传统的东方思维是一致的。这是一种直观的、综合性的方法。由这种方法而产生的，则是宽容、调和的精神以及广大的包容性。《宗镜录》卷帙浩繁，内容庞杂，既有印度经论，又有中国论疏；既有华严和禅，又有法相唯识、天台、三论。但是，最终将这些引证和阐述归于"一心为宗"，这就是后来雍正皇帝所概括的"大小齐观，宗教一贯"（《御选语录·永明编序》）。永明延寿虽系禅宗法眼宗传人，但他不固执宗派立场，采取调和各宗派思想的态度，并在《宗镜录》中使用综合方法，将他所认为的各宗优点，一一提炼，归纳统一，得出"举一心为宗，照万法如镜"的结论。这种思想方法与传统的中国儒、道两家的思想方法是不相违背的。正因为如此，才有历代各类"三教一致"说的提倡，才有宋代三教合一的完成（理学）。季羡林先生指出，东方的这种思维远比西方的广博，并且深信，东方文明将要取代西方文化（见《群言》，一九九一年第五期）。笔者以为，这一预言终将会得到事实的证明。

附录

1 宗镜录自序（摘录）　　延寿

伏以真源湛寂，觉海澄清；绝名相之端，无能所之迹。最初不觉，忽起动心；成业识之由，为觉明之咎。因明起照，见分俄兴；随照立尘，相分安布；如镜现像，顿起根身。次则随想而世界成差，后则因智而憎爱不等。从此遗真失性，执相徇名；积滞着之情尘，结相续之识浪。锁真觉于梦夜，沉迷三界之中；瞖智眼于昏衢，匍匐九居之内。遂乃縻业系之苦，丧解脱之门；于无身中受身，向无趣中立趣。约依处则分二十五有，论正报则具十二类生。皆从情想根由，遂致依正差别，向不迁境上虚受，轮回于无脱法中，自生系缚。如春蚕作茧，似秋蛾赴灯。以二见妄想之丝，缠苦聚之业质；用无明贪爱之翼，扑生死之火轮。用谷响言音，论四生妍丑；以妄想心镜，现三有形仪。然后违顺想风，动摇觉海；贪痴爱水，资润苦芽。一向徇尘，罔知反本。发狂乱之知见，翳于自心；立幻化之色声，认为他法。从此一微涉境，渐成夏汉之高峰；滴水兴波，终起吞舟之巨浪。

尔后将欲返初复本，约根利钝不同，于一真如界中，开三乘五性。或见空而证果，或了缘而入真。或三祇熏炼，渐具行门；或一念圆修，顿成佛道。斯则克证有异，一性非殊，因成凡圣之名，似分真俗之相。若欲穷微洞本，究旨通宗，则根本性离，毕竟寂灭；绝升沉之异，无缚脱之殊。既无在世之人，亦无灭度之者。二际平等，一道清虚；识智俱空，名体咸寂；迥无所有，唯一真心。达之名见道之人，昧之号生死之始。

复有邪根外种，小智权机，不了生死之病原，罔知人我之见本，唯欲厌喧斥动，破相析尘。虽云味静冥空，不知埋真拒觉。如不辩眼中之赤眚，但灭灯上之重光；罔穷识内之幻身，空避日中之虚影。斯则劳形役思，丧力捐功，不异足水助冰，投薪益火。岂知重光在眚，虚影随身；除病眼而重光自消，息幻质而虚影当灭。若能回光就己，反境观心，佛眼明而业影空，法身现而尘迹绝。以自觉之智刃，剖开缠内之心珠；用一念慧锋，斩断尘中之见网。此穷心之旨，达识之诠，言约义丰，文质理诣。揭疑关于正智之户，薙妄草于真觉之原；愈人髓之沉痾，截盘根之固执。则物我遇智火之焰，融唯心之炉；名相临慧日之光，释一真之海。斯乃内证之法，岂在文诠？知解莫穷，见闻不及。今为未见者演无见之妙见，未闻者入不闻之圆闻，未知者说无知之真知，未解者成无解之大解。所冀因指见月，得兔忘蹄，抱一冥宗，舍诠检理；了万物由我，明妙觉在身。可谓搜抉玄根，磨砻理窟；剔禅宗之骨髓，标教网之纪纲。余惑微瑕，应手圆净；玄宗妙旨，举意全彰。

论体则妙符至理，约事则深契正缘。然虽标法界之总门，须辩一乘之别旨。种种性相之义，在大觉以圆通；重重即入之门，唯种智而妙达，但以根羸靡鉴，学寡难周，不知性相二门，是自心之体用。若具用而失恒常之体，如无水有波；若得体而阙妙用之门，似无波有水。且未有无波之水，曾无不湿之波。以波彻水源，水穷波末，如性穷相表，相达性源。须知体用相成，性相互显。今则细明总别，广辩异同。研一法之根元，搜诸缘之本末，则可称"宗镜"；以鉴幽微，无一法以逃形，则千差而普会。遂则编罗广义，撮略要文；铺舒于百卷之中，卷摄在一心之内。能使难思教海，指掌而念念圆明；无尽真宗，目睹而心心契合。若神珠在手，永息驰求；犹觉树垂阴，全消影迹。

今详祖佛大意，经论正宗；削去繁文，唯搜要旨；假申问答，广引证明。举一心为宗，照万法如镜；编联古制之深义，撮略宝藏之圆诠；同此显扬，称之曰"录"。分为百卷，大约三章。先立正宗，以为归趣；次申问答，用去疑情；后引真诠，成其圆信。以兹妙善，普施含灵，同报佛恩，共传斯旨耳。

2 宗镜录序 钱俶

详夫域中之教者三：正君臣、亲父子、厚人伦，儒，吾之师也；寂兮寥兮，视听无得，自微妙升虚无，以止乎乘风驭景，君得之则善建不拔，人得之则延贶无穷，道，儒之师也；四谛、十二因缘、三明、八解脱，时习不忘，日修以得，一登果地，永达真常，释，道之宗也。惟此三教，并自心修；《心镜录》者，智觉禅师所撰也。总乎百卷，包尽微言。我佛金口所宣，盈于海藏，盖亦提诱后学。师之智慧辩才，演畅万法，明了一心，禅际河游，慧间云布，数而称之，莫能尽纪。聊为小序，以颂宣行云尔。

3 宗镜录序 杨杰

诸佛真语，以心为宗；众生信道，以宗为鉴。众生界即诸佛界，因迷而为众生；诸佛心是众生心，因悟而成诸佛。心如明鉴，万象历然；佛与众生，其犹影像；涅槃生死，俱是强名。鉴体寂而常照，鉴光照而常寂。心佛众生，三无差别。国初吴越永明智觉寿禅师，证最上乘，了第一义；洞究教典，深达禅宗；禀奉律仪，广行利益。因读《楞伽经》云"佛语心为宗"，乃制《宗鉴录》。于无疑中起疑，非问处设问；为不请友，真大导师。掷龙宫之宝，均施群生；彻祖门之关，普容来者。举目而视，有欲皆充；信手而拈，有疾皆愈；荡涤邪见，指归妙源。所谓举一心为宗，照万像为鉴矣。若人以佛为鉴，则知戒、定、慧为诸善之宗，人、天、声闻、缘觉、菩萨、如来，由此而出；一切善类，莫不信受。若以众生为鉴，则知贪、嗔、痴为诸恶之宗，修罗、旁生、地狱、鬼趣，由此而出；一切恶类，莫不畏惮。善恶虽异，其宗则同；返鉴其心，则知灵明，湛寂广大，融通无为。无住无修无证，无尘可染，无垢可磨，为一切诸法之宗矣。初，吴越忠懿王宝之，秘于教藏。至元丰中，皇弟魏端献王镂板分施名蓝，四方学者罕遇其本。元祐六年夏，游东都法云道场，始见钱唐新本，尤为精详。乃吴人徐思恭请法涌禅师，同永乐、法真二三耆宿，遍取诸录，用三乘典籍，圣贤教语，校读成就，以广流布，其益甚博。法涌知予喜阅是录，因请为序云。

4　宋钱塘永明寺延寿传　　　　　赞宁

释延寿，姓王，本钱塘人也。两浙有国时为吏，督纳军需。其性纯直，口无二言。诵彻《法华经》，声不辍响。属翠岩参公盛化，寿舍妻孥，削染登戒。

尝于台岭天柱峰九旬习定，有鸟类尺鷃，巢栖于衣襵中。乃得韶禅师决择所见。迁遁于雪窦山。除海人外，瀑布前坐讽禅默。衣无缯纩，布襦卒岁。食无重味，野蔬断中。汉南国王钱氏最所钦尚，请寿行方等忏，赎物类放生，泛爱慈柔。或非理相干，颜貌不动。诵《法华》计一万三千许部。多励信人营造塔像。自无贮蓄，雅好诗道。著《万善同归》《宗镜》等录数千万言。高丽国王览其录，遣使遗金线织成袈裟、紫水晶数珠、金澡罐等。

以开宝八年乙亥终于住寺，春秋七十二，法腊三十七，葬于大慈山，树亭志焉。

（录自《宋高僧传》卷二十八）

5　永明智觉禅师　　　　　　念常

杭州慧日永明智觉禅师，示寂，讳延寿，余杭人，姓王氏。总角之岁，归心佛乘。既冠，不茹荤，日唯一食。持《法华》，七行俱下，才六旬，悉能诵之，感群羊跪听。年二十八为华亭镇将，属翠岩永明大师迁止龙册寺，大阐玄化。时吴越文穆王知师慕道，乃从其志，放令出家，礼翠岩为师。执劳供众，都亡身宰；衣不缯缕，食无重味；野蔬衣褐，以遣朝夕。寻往天台天柱峰，九旬习定，有鸟类尺鷃巢于衣褶中。既谒韶国师，一见深器之，密授玄旨。仍谓师曰："汝与元帅有缘，他日大兴佛寺。"初往明州雪窦山，学侣臻凑。师上堂曰："雪窦这里迅瀑千寻，不停纤粟，奇岩万仞，无立足处，汝等诸人向什么处进步？"时有僧问："雪窦一径，如何履践？"师云："步步寒花结，言言彻底冰。"建隆元年，忠懿王请住灵隐山新寺，为第一世。明年，复请住永明大道场，为第二世，众盈二千。僧问："如何是永明旨？"师曰："更添香着。"曰："谢师指示。"曰："且喜没交涉。"师有偈曰："欲谢永明旨，门前一湖水；日照光明生，风来波浪起。"居永明十五年，度弟子千七百人。开宝七年，入天台山，度戒万余人。常与七众受菩萨戒，夜施鬼神食，朝放诸生类。六时散花行道，余力念《法华经》一万三千部。

著《宗镜录》一百卷，诗、偈、赋、咏，凡千万言。高丽国王览师言教，遣使赍书，叙弟子礼，奉金缕袈裟、紫晶数珠、金澡罐等，彼国僧三十六人，亲承印记，归国各化一方。

开宝八年乙亥十二月二十六日辰时，焚香告众，跏趺而逝。寿七十二，腊四十二。明年建塔于大慈山焉。宋太宗赐额，曰寿宁禅院云。

（录自《佛祖历代通载》第二十六卷）

6　延寿年表

公元九○四年——延寿生于浙江余杭。俗姓王。先祖原江苏丹阳人，父亲因靡兵寇，归吴越，迁临安府余杭县。时当吴越武肃王钱镠崇尚佛教，延寿于总角之岁，即归心佛乘。既冠，不茹荤，日唯一食。

公元九三一年——延寿年二十八，为华亭镇将，督纳军需。

公元九三三年——延寿年三十。吴越文穆王钱元瓘知其慕道，乃从其志，放令出家。延寿乃舍妻孥，削染登戒，礼四明翠岩禅师为师。不久，往天台山天柱峰修习禅定。又参谒德韶国师，密受玄旨。

公元九五二年——延寿年四十九。住明州雪窦山资圣寺，学侣臻凑。

公元九六○年——延寿年五十七。受吴越忠懿王钱弘俶之请，住杭州灵隐寺，为该寺第一世。

公元九六一年——延寿年五十八。复受请住永明寺，为该寺第二世，众盈二千。《宗镜录》定稿于该寺演法堂。

公元九七四年——延寿年七十一。入天台山，度戒万余人。常与七众受菩萨戒，夜施鬼神食，朝放诸生类。

公元九七五年——延寿年七十二，示寂于住寺，葬于大慈山。卒谥"智觉禅师"。

7 延寿法统

初祖达摩——二祖慧可——三祖僧璨——四祖道信——五祖弘忍——六祖惠能——青原行思——石头希迁——天皇道悟——龙潭崇信——德山宣鉴——雪峰义存——玄沙师备——罗汉桂琛——清凉文益——天台德韶——永明延寿

参考书目

1《大方广佛华严经》《大正藏》第十卷　实叉难陀译

2《入楞伽经》《大正藏》第十六卷　菩提流支译

3《楞伽阿跋多罗宝经》《大正藏》第十六卷　求那跋陀罗译

4《大乘入楞伽经》《大正藏》第十六卷　实叉难陀译

5《大佛顶首楞严经》《大正藏》第十九卷　般刺蜜帝译

6《大方广圆觉修多罗了义经》《大正藏》第十七卷　佛陀多罗译

7《妙法莲华经》《大正藏》第九卷　鸠摩罗什译

8《大智度论》《大正藏》第二十五卷　龙树著、

罗什译

9《大乘起信论》《大正藏》第三十二卷　马鸣著、真谛译

10《成唯识论》《大正藏》第三十一卷　玄奘译

11《万善同归集》　清同治十一年（一八七二年）金陵刻经处本　延寿著

12《唯心诀》《续藏经》第二编第十五套　延寿著

13《心赋注》《续藏经》第二编第十六套　延寿著

14《华严原人论》　金陵刻经处印　同治十三年鸡园刻经处本　宗密著

15《禅源诸诠集都序》《续藏经》第二编第八套　宗密著

16《圆觉经大疏钞》《续藏经》第一编第十四套　宗密著

17《华严五教止观》《大正藏》第四十五卷　杜顺著

18《华严金师子章》《大正藏》第四十五卷　法藏著

19《华严经义海百门》《大正藏》第四十五卷　法藏著

20《成唯识论述记》《大正藏》第四十三卷　窥基著

21《楞伽师资记》《大正藏》第八十五卷 净觉著

22《宗门十规论》《续藏经》第二编第十五套 文益著

23《续高僧传》《大正藏》第五十卷 道宣著

24《宋高僧传》《大正藏》第五十卷 赞宁著

25《云卧纪谭》《续藏经》第二编乙编第二十一套 晓莹录

26《林间录》《续藏经》第二编乙编第二十一套 惠洪集

27《景德传灯录》《大正藏》第五十一卷 道原编

28《释氏稽古略》《续藏经》第二编乙编第五、六套 觉岸编

29《古尊宿语录》《续藏经》第二编第二十三套 颐藏主编

30《佛祖统纪》《大正藏》第四十九卷 志磐著

31《镡津文集》《大正藏》第五十二卷 契嵩著

32《御选语录》《续藏经》第二编第二十四套 雍正编

33《中国佛学源流略讲》 中华书局，一九七九年版 吕澂著

34《印度佛学源流略讲》 上海人民出版社，一九七九年版 吕澂著

35《永明延寿宗教论》 台湾新文丰出版公司，一九八三年版 孔维勤著

36《中国禅宗史》 台湾正闻出版社，一九七八年版 印顺著

37《现代佛教学术丛刊》第十二册，台湾大乘文化出版社，一九七七年版 张曼涛编

38《现代佛教学术丛刊》第五十二册，台湾大乘文化出版社，一九七八年版 张曼涛编

39《中国哲学思想史》 台湾学生书局，一九八〇年版 罗光著

40《中国禅宗史研究》 （日）诚信书房，一九六三年版 阿部肇一著

41《华严的思想》 （日）讲谈社，一九八三年版 镰田茂雄著

42《宋代佛教史的研究》 （日）百华苑，一九七五年版 高雄义坚著

43《中国近世佛教史研究》 （日）平乐寺书店，一九五七年版 牧田谛亮著

44《中国佛教史》(改订新版) （日）法藏馆，一九七七年版 道端良秀著

出版后记

星云大师说："我童年出家的栖霞寺里面，有一座庄严的藏经楼，楼上收藏佛经，楼下是法堂，平常如同圣地一般，戒备森严，不准亲近一步。后来好不容易有机缘进到藏经楼，见到那些经书，大都是木刻本，既没有分段也没有标点，有如天书，当然我是看不懂的。"大师忧心《大藏经》卷帙浩繁，又藏于深山宝刹，平常百姓只能望藏兴叹；藏海无边，文辞古朴，亦让人望文却步。在大师倡导主持下，集合两岸近百位学者，经五年之努力，终于编修了这部多层次、多角度、全面反映佛教文化的白话精华大藏经——《中国佛教经典宝藏》，将佛教深睿的奥义妙法通俗地再现今世，为现代人提供学佛求法的方便途径。

完整地引进《中国佛教经典宝藏》是我们的夙愿，

三年来，我们组织了简体字版的编审委员会，编订了详细精当的《编辑手册》，吸收了近二十年来佛学研究的新成果，对整套丛书重新编审编校。需要说明的是此次出版将丛书名更改为《中国佛学经典宝藏》。

佛曰：一旦起心动念，也就有了因果。三年的不懈努力，终于功德圆满。一百三十二册，精校精勘，美轮美奂。翰墨书香，融入经藏智慧；典雅庄严，裹沁着玄妙法门。我们相信，大师与经藏的智慧一定能普应于世，济助众生。

东方出版社

图书在版编目（CIP）数据

宗镜录／潘桂明 释译. —北京：东方出版社，2015.9
（中国佛学经典宝藏）
ISBN 978 - 7 - 5060 - 8602 - 8

Ⅰ.①宗…　Ⅱ.①潘…　Ⅲ.①禅宗—佛经—注释②禅宗—佛经—译文　Ⅳ.①B946.5

中国版本图书馆 CIP 数据核字（2015）第 249271 号

本书中文简体字版权由上海大觉文化传播有限公司独家授权出版
中文简体字版专有权属东方出版社

宗镜录
（ZONGJINGLU）

释 译 者：潘桂明
责任编辑：查长莲
出　　版：东方出版社
发　　行：人民东方出版传媒有限公司
地　　址：北京市东城区朝阳门内大街 166 号
邮　　编：100010
印　　刷：北京明恒达印务有限公司
版　　次：2016 年 6 月第 1 版
印　　次：2022 年 12 月第 4 次印刷
开　　本：880 毫米×1230 毫米　1/32
印　　张：9.75
字　　数：130 千字
书　　号：ISBN 978 - 7 - 5060 - 8602 - 8
定　　价：39.00 元
发行电话：（010）85924663　85924644　85924641